日蓮正宗　正信会の正当

古川興道

時の来て書籍出版日本に
正信会の正当のべる

（継命新聞平成三十年一月十五日号　掲載短歌）

発刊の辞

宗教に優劣があるのか、正邪はあるのか、多くの方が抱く疑問である。そういう中で、我が日蓮正宗は宗教界の最上として、日蓮大聖人の教えを信奉する宗派である。

その日蓮正宗が混乱している。昭和30年代から創価学会の急速な拡大により、宗門は中身のともなわない発展をし、とにかく財政的には豊かになった。昭和40年代の正本堂建立前後から、さらに創価学会の政治進出による池田会長の言論出版妨害事件等が、日蓮正宗七百年の伝統法義に違背するきっかけとなり、中身のともなわない付けが、創価学会の誤りを是正出来なかったばかりか、宗門までもその違背を肯定し、顕正会（元妙信講）を出現させる原因となった。顕正会の主張にも一理ある。

また、昭和54年7月22日に第66世・細井日達上人の急逝による、阿部日顕師の法主詐称により、その事実を追求した僧侶２００余名が擯斥となり、その寺院に所属している信徒までが破門された。阿部師はその詐称を正当化しようと、貫首本仏や似非血脈を強言し、取り返しのつかない誤りを犯した。

創価学会の違背や宗門の誤りを糺そうと、昭和55年に正信会が結成され正信覚醒運動を展開したが、道半ばにしてその正信会においても、平成24年頃より宗教団体正信会（正信会）と宗教法人正信会（法人派）に分裂し、法人派は日蓮正宗の根本義である本門戒壇の大御本尊を否定して分派、創価学会も前後して同様の主張を為し日蓮正宗から去った。

世界最上の宗派を自負している者にとって誠に残念であり、社会に対しての信用もガタ落ちである。そういう混迷した時代にあって、人々の成仏と広宣流布を願い、ひたすら大聖人の仏法を守り、日蓮正宗の伝統法義を遵守し、承継していこうと精進しているのが、我々、正信会である。

平成24年の分裂後より29年3月まで約5年間、正信会議長として機関紙誌の、「継命新聞」や「正信会報」に掲載されたものを時系列にして一書にまとめた。さらに議長退任後、講演の機会があったのでそれも追加した。未熟ではあるが一読いただき、忌憚のないご叱正やご教示を願えればありがたい。

また付録として、平成16年5月より平成28年7月まで、アスト津を会場に布教講演会「仏教講座・法華経に学ぶ」を開催したので、31回の講演テキストを掲載する。

尚、この出版は当経住寺が来年、創立50周年に当たるのでその記念出版とする。

平成30年1月1日

日蓮正宗正信会

経住寺　古川興道

本章　日蓮正宗　正信会の正当

本章

日蓮正宗　正信会の正当

巻頭言　選択の功罪

この度、岡田議長の辞任にともない、その残任期間を勤めることになり、微力ながら頑張りたいと思いますので宜しく御協力の程お願いいします。

人生には時として選択を迫られ、大事な場合の多くは二者択一的であります。恐れ多いことですが、宗祖大聖人は「いはずば、慈悲なきににたりと思惟するに法華経、涅槃経等に此の二辺を合わせ見るに、いはずば今生は事なくとも後生は必ず無間地獄に堕つべし、いうならば三障四魔必ず起こるべしとしりぬ、二辺のなかにはいうべし」との強い覚悟の上で、末法万年の一切衆生救済のために宗旨を建立されました。

御開山日興上人は「身延沢を罷り出で候事面目なさ本意なさ申し尽くし難く候えども、打ち還し案じ候えば、いずくにても聖人の御義を相継ぎ進せて、世に立て候わん事こそ詮にて候え」と、謗法の山と化した身延を捨て、大聖人滅後の法嗣として、一切の民衆に成仏の境涯と安心を与えるために、遺命付嘱の本門戒壇の大御本尊を安置する清浄な勝地へ移る事を選択されました。

三祖日目上人はその申状に「日目先師の地望を遂げんがために、後日の天奏に達せしむ」と、七十四歳という高齢に加え、くるぶしや脇腹の痛み、季節気象の悪条件の中、建武の中興を天奏の機会と鑑知され、立正安国と広宣流布を願い、結果は殉教への旅立ちとなりました。

我々日蓮正宗の僧侶は此のような宗開三祖の崇高なご精神を、得度以来の僧道の中で知らず知らずのうちに自らの生き方として身に付けております。それが顕著に表れたのが正信覚醒運動であります。昭和52年の創価謗法路線に対して、その誤りを糺し創価学会員の成仏と正法厳護を願っての行動でありました。仏飯を食んできた者としては当然であり、私の一生の中での誇りであります。もし覚醒運動に参加していなかったなら、ただの職業坊主として、使命感のない一生であったと空恐ろしく思います。

正信覚醒運動が盛り上がりをみせた頃の、第二回全国檀徒総会では「ここにいる若い僧侶達が三百有余名にまで及ぶ（中略）その僧侶達が学会に対して、その誤りを指摘して（中略）日蓮正宗を護ろうとしているその誠意は（中略）深い赤誠であることを認めて（中略）まだまだ或る僧侶は、いかに今まで間違った教義を宣伝されておっても、未だに平気な顔をしている僧侶もいます」と、日達上人の高揚した言葉が耳朶に残っています。

その「平気な顔」をしていたのが阿部日顕師、早瀬日如師であります。また、宗務役僧であり宗門側に残った僧侶たちであります。その中には第五回全国檀徒大会の参加、管長の地位不存在の提訴等、自らの保身に走り脱落していった僧侶もいます。宗門の上層部が斯様な為体でありますから、以下の僧侶たちも仏法の精神など皆無と言えるでしょう。

宗開三祖のご精神が阿部日顕師に全く無かったと言える出来事が、昭和五十四年七月二十二日に起こりました。その日の早暁、日達上人は突然にご遷化され多くの僧侶が悲嘆にくれるなか、阿部師は時間をおかずに日蓮正宗衰退への道を選択してしまったのであります。「実は昨年四月十五日、総本山大奥において、猊下と自分と二人きりの場において、猊下より自分に対し、内々に御相承の儀に関するお言葉があり、これについての甚深のご法門の御指南を賜ったことを御披露する」と、大嘘をつき猊座を盗み取ったのであります。

日蓮正宗では血脈相承は大聖人の仏法を承継するという意義を含む重要な儀式であります。その儀式が無かったにもかかわらず、有ったと嘘をついたのであります。こんな嘘は日蓮正宗の僧侶では考えられないことであります。しかし歴史は必ず真実を明らかにするといわれますが、正信会との三十年に及ぶ種々の裁判では、相承の証拠を何一つ明らかにすることが出来ず、昨年の「名称使用裁判」において最高裁判所は、宗門側の上告を棄却する決定を下し全面敗訴となりました。今後日蓮正宗の代表役員名で提訴する裁判では日本国憲法で保障されている、「裁判を受ける権利」さえ保証されない可能性があります。世法で恥をさらし、最も畏れなければならない仏様の眼さえ信じない行為であります。

池田創価学会にあっても、我々の運動によって何度か覚醒の機会がありました。一つは昭和五十三年の「六・三〇」、「十一・七」であり、また五十四年四月の「総講頭辞任」、「会長辞任」でありましたが、不誠実な対応と檀徒作りや学会攻撃を中止させるための方便で、会員の成仏や正法厳護を誓っての誠意あるものではなかったのであります。

今日の創価学会は大聖人の仏法から遠く離れ、新興宗教化した団体に変わり果てたのを見聞するとき、あの当時に誠意有る対応をしておればと残念に思います。

宗開三祖の崇高なご精神は、仏法に対する信念と正当性と道理が充たされて「選択の功」となり、それらが欠けると阿部師・池田氏の如く「選択の罪」として歴史に汚名を残すことになります。

いずれにしても大聖人の仏法を信仰している団体や個人が、権力や保身を優先して教義や精神をないがしろにするような選択をすれば、時間の長短はあっても必ず衰退していくのが道理であると覚悟しなければなりません。

我々正信会の三十有余年の覚醒運動は、宗開三祖の御精神に適う活動であったと確信し、今後もそれを堅持しながら宗風の刷新、祖道の恢復を追求していかなければなりません。正信会の見解である、本門戒壇の大御本尊を根本とし、英邁な法主上人に信伏随順するのは当然であり、これらを確認しつつ、ご信徒の真心を大切に、機構として硬直化しているところは改善し、若い僧侶たちが希望を持って活動できる正信会に発展させていかなければなりません。

会員諸師の賢明なご精進を期待しております。

第35回　日蓮正宗正信会・法華講全国大会

正信会の統一見解

平成24年5月20日　於サンポートホール高松

皆さん、こんにちは。

さわやかな5月の風につつまれ、うどんの美味しいここ讃岐・高松において、第35回日蓮正宗正信会法華講全国大会が、信心あつき代表者のご参集のもと盛大に開催されまして、誠におめでとうございます。

今大会の開催に当たりましては、多くの方々のご協力を賜りましたが、特に四国教区の僧侶ならびにご信徒の皆様には、日々多忙の中ご尽力いただき、立派に開催することができ、正信会僧俗を代表いたしまして厚く御礼を申し上げます。ありがとうございました。

先ほど秋田尊師より、正信会の現況報告がありましたが、そんな事情で開催するかどうか迷っておりました。しかし、四国教区の熱意もあり、短期間の準備ではありましたが、このように無事開催することができました。

実際のところ、どれほどの参加者があるのか、実行委員会も心配をしておりました。また参加の皆様も今年の全国大会は有るのか無いのか、気をもんでいたことと思いますが、急な大会開催の発表にもかかわらず、北海道から九州まで全国から多くの方々のご参加をいただきまして、厚く御礼申し上げます。涙が出るほどありがたいです。

それと、参加者の皆さん、拍手をもって四国の皆さんに感謝の気持ちを伝えたいと思いますが、よろしいでしょうか。(拍手)

ありがとうございました。

今大会のテーマは「東日本大震災からの復興を願って」並びに「正信覚醒運動の原点を見つめて」であります。

大震災からの復興はテレビ等の映像からはまだまだ緒についたばかりで、これからであります。被災者の方々にはご苦労の多いこととお察し致しますが、全国からの励ましを糧に頑張って下さるようお祈りし、私たちは諸々の支援を継続し、また信仰の面から御本尊様に復興のご祈念をするしかないと思いますので、皆さんよろしくお願い致します。

次に「正信覚醒運動の原点を見つめて」とは、わかりやすく言えば、「正信に目覚めさせる運動」、その原点は宗開三祖のお振舞い、つまり日蓮大聖人の御教、日興上人のご精神、日目上人の行体、これらを今一度確認するということではないでしょうか。

日蓮大聖人様は建長5年4月に宗旨を建立され、末法の法華経、即ち南無妙法蓮華経を一切衆生に弘通され、また弘安2年10月に一閻浮提総与の本門戒壇の大御本尊をご図顕あそばされ、本懐中の本懐、信仰の根源となされました。その教えは二座のご観念文に凝縮されておりますし、諸々の御書に詳くお示しの通りでございます。

日興上人様は謗法の山と化した身延を捨て、大聖人滅後の法嗣として、一切の民衆に成仏の境涯と安心を与えるために、遺命付嘱の戒壇の大御本尊をご安置する清浄な勝地へ移られ、謗法厳誡、正法厳護のご精神を示されました。

日目上人様はその申状に「先師の地望を遂げんがために」と、74歳というご高齢に加え、くるぶしや脇腹の痛み、季節気象の悪条件の中、建武の中興を天奏の機会と鑑知され、立正安国と広宣流布を願い、結果は殉教への旅立ちとなりましたが、死身弘法・行体堅固のお姿を示されました。

以上、宗開三祖を拝する一端を申し上げましたが、正信の心を常にそこに置くことが「原点を見つめる」ことになると思います。ご参考にして下さい。

さて先程、正信会の現況を聞かれて、ビックリしている方もいらっしゃるでしょう。僧侶の中の出来事に、ご信徒の方々まで巻き込み、ご心配をおかけして、本当に申し訳なく思っております。謝ってすむわけではありませんが、正信会議長として深く深くお詫び申し上げます。

しかし今、正信会から外れそうになっているグループの方も、必ず気がつかれて戻ってくるものと信じています。

中国の天台大師という方は「快馬の鞭影を見て即ち正路に至る」と申されました。良い馬は、走るコースを間違えたとき、騎手の振り上げる鞭の影を見ただけで正しいコースに戻る、というお話であります。

30数年も、ともに正信覚醒運動に精進してきた賢明な仲間、同志でありますから、私はそう信じたいと思いますし、そう信じます。ご参加の皆様も、ぜひ私と同じ気持ちであることを願っております。

今大会のパンフレットには、正信会の統一見解が掲載されております。ちょっと読んでみます。

「一、本門戒壇の大御本尊を断じて否定するものではない」

私たちは朝晩、五座三座の勤行で二座のご観念をし、戒壇の大御本尊にご報恩感謝しております。そのことが戒壇の大御本尊を断じて否定していない何よりの証拠であります。

『経王殿御返事』に「日蓮がたましいをすみにそめながして・かきて候ぞ信じさせ給え」とございます。「日蓮がたましい」とは法体の南無妙法蓮華経であり、「すみにそめながしてかきて候」とは、「日蓮がたましい」を紙や板に書き表し、形あるものとしての御本尊であります。

その御本尊の究竟中の究竟、三大秘法の随一が戒壇の大御本尊であります。目には見えない法体の魂も大事、目に見える形ある御本尊も大事、ともに等しく大事なのであります。

次の2番目。

「一、宗開両祖の御教示、御遺訓を正しく弁えられ厳護される法主上人に対し奉っては、血脈付法の大導師と信伏随順申し上げるのは当然であって、我々もそれを心から望んでいるのである」。

具体的には、我々の正信覚醒運動を認めて下さる御法主上人が必ずご出現されると確信しております。

その御法主上人に信伏随順するのは当然であります。

その暁には、皆さんと総本山に登山し、大石寺三門の前で高らかにお題目を唱えましょう。

それを夢見て、それまでは、ともどもに仲良く精進してまいろうではありませんか。よろしいですか。

最後になりますが、来年の第36回大会は、北近畿教区が主体となって、今正信会から外れそうになっている方々も必ず戻ってくることを信じて、またここにいらっしゃる皆さんも元気に参加していただきたく、よろしくお願いを申し上げます。

以上をもちまして議長挨拶と致します。ありがとうございました。ご苦労様でございました。

東日本大震災復興祈念法要

会場の参加者

継命新聞　平成25年1月1日号

広宣流布の大願成就を

立宗七百六十一年の新春を迎え、謹んでお祝い申し上げます。

全国正信会法華講の皆様、海外法華講の皆様、継命新聞読者の皆様、あけましておめでとうございます。

本年が共々に信心倍増の年、また社会安穏の年でありますよう、お祈りいたします。

日蓮大聖人は、

「忝くも諸仏出世の本懐たる南無妙法蓮華経を口に唱へ、心に信じ、身に持ち、手に翫ぶ事、是ひとへに過去の宿習なるか」

と、『最蓮房御返事』に、私たちの法縁厚きことを仰せられております。

ならば後生の善処を願って、正法・正信の道をまっすぐに、広宣流布を願っていかなければなりません。昭和54年1月に大石寺大講堂において「第2回全国檀徒総会」が開かれ、日達上人は「大聖人の仏法を間違えず、今ここにいる若い僧侶達と共に手を握って、広宣流布へと真実の仏法を流布せられることをお願いします。」と、その大願を成就するために日々精進しています。

しかしながら、宗門より不当な弾圧を受けて30有余年、広布の大願は勿論でありますが、忘れてならないのは昭和56年3月1日号の継命新聞に掲載されている、正信会の統一見解であります。

特に第一項の「本門戒壇の大御本尊を断じて否定するものではない」は、戒壇の大御本尊を究竟中の究竟と仰ぎ奉り、日蓮正宗の根本義を厳守すると断言したものであります。もしこれに異を称えたり、疑義の文書や発言をなすならば既に日蓮正宗でも、正信会でもなく謗法の徒であり、それが集団であるならば一宗一派を立ち上げたと言わざるを得ません。

日蓮大聖人は弘安2年10月、熱原法難を機縁として、御身にそなわる本門寿量品の肝心・文底秘沈の大法・本地難思境智冥合・久遠元初・自受用報身如来の御当体・十界本有常住・事の一念三千・人法一箇の御内証を、独一本門戒壇の大御本尊として御建立あそばされ、出世の本懐となされました。

戒壇の大御本尊は、個人や寺院へ授与される一機一縁の御本尊とは異なり、広宣流布の暁に富士山・本門寺本堂に御安置奉る、一閻浮提総与の大御本尊であり、広宣流布の大願が成就されるまでは御宝蔵に秘蔵厳護されるのが、富士門家の大事中の大事の法義であります。

本門寺建立のその時まで、菩提寺の御本尊や家庭の御本尊をどこまでも日蓮大聖人の御当体と拝するところに、自然に戒壇の大御本尊の御身を顕現なさるのであります。

日蓮大聖人が日興上人に、その日興上人が日目上人へ御付嘱なされ、以下歴代の御正師が日目上人の代官として、戒壇の大御本尊を御宝蔵に秘蔵厳護し奉り、その御出現を成就すべく本門寺の建立を願う、これが勤行・四座の観念文の意義であり、日達上人のご指南でもあります。

すなわち、広宣流布の大願成就の御祈祷であり、その実践修行が私たちの使命なのであります。

その本門寺建立の大願を、「富士の本流」を自負する私たち正信会で誓い合ったのが、先の「統一見解」なのであります。

また日興上人以来、日蓮大聖人の御正意の通り、本門寺の戒壇建立のその日まで身命を賭して格護されてきた、その戒壇の大御本尊への直拝を強制する現宗門の御開扉のあり方は、宗開三祖や御歴代御正師の正義を破るものとして、叱責されるところでありましょう。

私たちは、戒壇の大御本尊への正信の心を深く、そして強くし、自行化他の信心に邁進しようではありませんか。今年度の正信会の活動方針は、一、初信忘れず菩提寺参詣、二、一歩一歩確実に法燈相続と決定いたしました。

それぞれが思いを込めて活動方針にそって精進し、「我らこそ富士の本流」の誇りも高くご活躍下さい。

そして5月19日、滋賀県栗東市で開催される「第36回日蓮正宗正信会法華講全国大会」に、元気でご参加下さい。

広宣流布の暁には本門戒壇建立地となる富士山

第２回全国檀徒総会・日達上人お言葉

第36回　日蓮正宗正信会・法華講全国大会

学会の謗法・宗門の邪義を破す

平成25年5月19日　於栗東芸術文化会館

皆さん、こんにちは。薫風さわやかな5月のよき日、日本最大の湖・琵琶湖を間近に、ここ滋賀県・栗東において、第36回日蓮正宗正信会法華講全国大会が、北は北海道、南は九州から、全国より信心あつき代表者のご参集のもと盛大に開催されましたこと誠におめでとうございます。

本大会の開催に当たり、多くの方々のご協力を賜りましたが、特に北近畿教区の僧侶、ならびにご信徒の皆さんには、多忙の中ご尽力いただき、立派に開催することができ、正信会僧俗を代表いたしまして厚く御礼を申し上げます。ありがとうございました。ご参加の皆さん、感謝の拍手をお願いいたします。

（会場拍手）

さて、皆さん方に提案があります。東日本大震災から2年が経過し、犠牲になられました方々は3回忌に当たります。正信会では3月、各寺院で追善供養をとり行いましたが、本日せっかく全国からご参集されておりますので、題目三唱をもって哀悼の意を表わしたいと思いますが、ご賛同いただけますか？

「はい」（会場）。

それでは起立をしてお数珠を手にかけて下さい。

東日本大震災物故者のご冥福を心よりお祈りいたしましてお題目三唱。「南無妙法蓮華経……」

ありがとうございました。ご着席ください。

先程、田村副議長より現況報告がありましたが、まことに残念な状況でございます。今回の問題はすべて僧侶の責任であり、なかんずく正信会議長としての責任を痛感しております。

しかしながら、学会の戒壇の大御本尊様に対する軽視、会長本仏論等の謗法、また、阿部宗門の学会への謗法与同、さらには法主本仏論等の邪義を破折するために、私たち正信会の僧俗は正信覚醒運動に立ち上がったのです。その原点を、今一度確認するならば、必ずや正信会の統一見解を遵守して運動を展開していかなければならないものと、私たちは強く確信しております。どうか皆さんには、ご心配をおかけして申し訳ございませんが、我々をしっかり信じ、支持して下さるよう、先ずもってお願い申し上げます。

さて、正信会の全国大会も36回を数えるにいたりました。思い起こせば昭和53年8月の総本山での第1回檀徒総決起大会から始まり、昭和55年の第5回は日本武道館での大会、その後、東京・大阪・名古屋・札幌・福岡と、主要都市を中心に毎年開催されました。平成7年の第20回東京記念大会は、阪神・淡路大震災が起こり、延期となり翌年に開催されました。その後、正信会は全国を17のブロックに区割りして、何々教区と呼んでおりますが、その教区の僧俗の活性化のために教区が主体となって順次開催することになり、その一番くじを引いたのは私の所属する三重教区でありました。三重教区の皆さん来ていますか？16年前です。それよりは全国をまわり今回の北近畿教区は16番目です。来年は17番目の東京で一巡します。来年以降の大会について、規模を縮小してはどうか？　隔年にしてはどうか？　地方大会に重点を置いてはどうか？　など種々意見があります。ご信徒の皆さんも住職にご意見を申し上げて、それらの意見を集約し、さらに正信会委員会で議論を重ね、来年の全国大会の時には結果をご報告できると思います。

最後になりますが、来年の第37回全国大会は東京教区が主体となって5月18日、東京の銀座において開催することに決定いたしました。東京教区のみなさん、どちらにおられますか？　来年はお世話になりますが、よろしくお願いいたします。

これからの1年、しっかり信心を磨き、そして身も心も美しく成長し、おしゃれな街、あこがれの街、日本の街銀座を、正信の街に変えようではありませんか。

以上、議長挨拶といたします。ありがとうございました。

壇上の僧侶

僧侶の退場風景

平成25年度　学林研修会　議長訓話

僧侶の資質　能力の向上

平成25年6月25日〜26日　於琵琶レイクオーツカ

研修生の皆さん、こんにちは。

正信会の教学部の主催によって、皆さん方の為に勉強会が開かれることは、ありがたいことであると存じます。卜部教学部長並びに学林研修課の担当の方々、また講師の上地師、北川師、藤川師、どうぞ宜しくお願いいいたします。

学林研修の目的はいくつかあると思います。皆さん方の教学力の向上、或いは普段会えない方々が、親睦を深めるということも、一つの大事な目的だと思います。しかし突き詰めていえば、信仰の世界の中におけるリーダー、指導者としての資質の向上、或いは能力の向上、これに尽きるのではないかと思います。

その目標に向かって精進して頂きたいと願うところであります。

皆さん方にお願いしたいのは、「自己矛盾の生き方をするな」ということでございます。自己矛盾というのは論理と行動が異なるということです。論理と行動がマッチしていれば、活き活きとして生きられます。しかし、自己矛盾を抱えた人生というのは、はっきり申し上げて無意味な人生だと思っております。せっかく生まれておきながら、自己矛盾を抱えて生きるなど、こんな愚かなことはありません。

大聖人様は、法華弘通の為にどんな困難も乗り越えて、矛盾なく生きられました。また、日興上人様は、大聖人様を御本仏と仰ぎ奉り、厳格に生きられました。さらに、日目上人様は、大聖人様、日興上人様の教え、御精神を心に体して、立正安国と広宣流布の為に、矛盾なく生きられました。私たちが正信覚醒運動を起こした時も、論理と法義とがマッチした考えで、自己矛盾を抱かない、「この道しかない」と思って今日までできました。何の憂いもありません。堂々とすがすがしく思っております。

しかし、今日において一部の僧侶の暴走と言いますか、自己矛盾をしなくては、生きられない方が出てきた。自己矛盾の生き方は、絶対にいけないと思います。正々堂々と、宗開三祖のご精神をしっかりと体し、大聖人様の仏法を、弘めていくことに尽きるのであります。私たちは日蓮正宗正信会です。日蓮正宗を外しては、正信会ではありませんし、私たちの僧道もありません。これから何が起こってくるか分かりませんが、常に論理と行動とが一致する生き方をして頂きたい。

もう一つは、プレッシャーというものを感じて、生きていって欲しいということです。それのない所に、大きな成長はないと思っております。スポーツ選手にしても、常にプレッシャーを抱えて、それに勝った人が試合にも勝っています。皆さん方も、これから説法の場、講演の場、その他いろいろな場面があろうかと思いますが、それらを自分から進んで、困難や重圧を受けながら一つひとつ乗り越えて、精進していくところに成長があると、そう心得られて頑張って頂きたいと思います。

「角を矯めて牛を殺す」という諺を知っていますか。牛の角が曲がっているから、真っ直ぐにしようとして牛そのものを殺してしまう。枝葉末節にこだわりすぎると、本体を忘れてしまうという意味です。色々な問題があるかも知れませんが、それらにこだわり過ぎて、日蓮正宗の大綱そのものを、失ってはならないと思います。こういうことについても、夕食後の座談会で、皆さん方と共に大いに議論したいと考えております。

一泊二日ではありますが、しっかり勉強してください。以上、議長の訓話と致します。ありがとうございました。

学林生に卒業証書授与

継命新聞　平成26年1月1日号

地道な活動が大事

立宗762年の新春を迎え謹んでお祝い申し上げます。全国正信会法華講の皆様、海外法華講の皆様、継命読者の皆様、おめでとうございます。共々に信行増進・平穏無事な年でありますようお祈りいたします。

本年は干支で申しますと甲午歳となり昭和29年に誕生された方は還暦です。還暦を華甲とも言われますが、十干の1番目に戻ってきました。甲の文字は亀の甲羅を象ったもので、そこから甲羅のような堅い殻に覆われた種の状態の意味として用いられます。かぶとや鎧、船の甲板、手の甲や足の甲などです。また成績が優秀、順位や地位などが高い事を甲で表します。大聖人様は、「崇峻天皇御書」に「甲の座をば去れと申すぞかし」と仰せになられています。おそらく地位の高いところ、権力の座に固執するなという御教示だと思います。

亀の甲羅を象ったのが日興上人の亀甲の御紋です。大聖人様は鶴丸の御紋。この鶴丸と亀甲の御紋について、第44世・日宣上人は、

「鶴の丸は天を表し、興師の御紋の亀甲は地を表す。是即天地は方円の二にして丸きは天、角なるは地なり。（中略）時に両師の御紋、天地を表すに鶴と亀に限る子細は如何がと云う時に、是れを愚俗をして解し易からしめん為に、鶴は空を飛ぶ鳥、亀は地に住むが故に天地を表する事、直ちに顕る」

と説法されておられます。

正信会寺院の、東大宣寺（木全行栄御住職）は青森県弘前市亀甲町にあります。その町名の由来は弘前城の北側にあり、中国の四神に言い換えれば玄武（北方）になることからとされ、玄武は亀と蛇の合体に作られています。当寺御住職のお弟子さんの木全晶栄師は、僧侶にとって三世の大願である新説免許・教師補任式が4月6日に当寺で執り行われ、これに合格すると一人前の僧侶と認められます。所属寺院の御信徒は勿論、東北の皆さん、そして正信会にとって大きな喜びとなることでしょう。

◇　◇　◇

さて正月にはなじみの御書ですが「十字御書」に、

「正月の一日は日のはじめ、月の始め、としのはじめ、春の始め・此れをもてなす人は月の西より東をさしてみつるがごとく、日の東より西へわたりてあきらかなごとく、とく（徳）もまさり人にもあい（愛）

せられ候なり」

と、信仰者として正月一日のあるべき姿をさわやかに御教導されています。

正信会の活動方針の一つに「初信忘れず菩提寺参詣」とありますが、午前0時からの元朝勤行（または丑寅勤行）、三ヶ日の間に執り行われる元旦勤行（初勤行会）等に家族揃って菩提寺に参詣し、御本尊様に御報恩申し上げ、一年の計や誓いを約束することが「此れをもてなす人」ということになりましょう。この実践あってこそ本年の好スタートを切ったと言えるのではないでしょうか。更にそれに弾みをつけて月々の寺院行事にも参詣しましょう。

また、正月の「正」の文字は「一」を「止める」と書きます。日興門流にあって「一」とは何か、紛れもなく本門戒壇の大御本尊であります。

第26世日寛上人は「就中弘安2年の本門戒壇の御本尊は究竟中の究竟、本懐中の本懐なり、既にこれ三大秘法随一なり」と御指南あそばされ、「随一」と、正の「一」とは同じであり、本門戒壇の御本尊であります。ですから正月に菩提寺に参詣されたということは、年のはじめに本門戒壇の御本尊の下に参詣されたことと同意義であります。

第66世日達上人は「このお寺に参詣して、この御本尊を通じて戒壇の御本尊を拝し奉って即身成仏の境涯を開くということが最も大切でございます」（竹田・伝法寺落慶法要の砌）と説法されています。

正信会のもう一つの活動方針「一歩一歩確実に法燈相続」は、日興門流の根本義を子や孫へ確実に教え伝えて行かなければなりません。例えば所帯を構えているがまだ御本尊様をご安置出来ていない方を、御住職の指導をあおぎながら寺院参詣、講中活動等と少しずつその方向へ親や同志が力を合わせて教化育成していく。そういう地道な活動によって正信会全体が戒壇の大御本尊への心を深く、そして強くし確実な法燈相続につながればと期待します。

最後になりますが、今年の「第37回日蓮正宗正信会法華講全国大会」は東京の銀座で開催されます。若い頃によく口ずさんだ「待ちあわせて歩く銀座……♪」懐かしいですね。5月18日元気でご参加下さい。

正信会報　１４７号　平成26年正月号

巻頭言　刺さったままの棘

正信会々員の皆様に謹んで年頭の御挨拶を申し上げます。

新年おめでとうございます。

「正信会報」は正信会結成と同時に昭和五十五年八月に創刊され、正信会議長・藤川法融師は「大聖人様は『智者に我義やぶられずば用いじ』と仰せになられました。僧侶たるもの仏法の正邪を先として身を処すべき覚悟がなければなるまいと思う」と述べられております。更に編集後記には「僧道とは何か、僧侶の正しい信仰の道とはいかなることか、正信会員みんなで考え学びあっていきたいと思う」とも記されております。正信会は護法の道念あつき集団であると自負いたしますが、正信会の現状を思うに創刊当時の気概を今一度想起して頂きたいと思います。

　さて私達は得度式の折、師匠より「僧道を全うしなさい」と言われ、「はい」と答えます。本人は僧侶を一生貫こうぐらいの気持ちで返答していることでしょう。以後、師匠の元や他の寺院で、また沙弥・行学講習会、学林等で修行に励むこととなります。ほとんどの僧侶はこうして教師に進み、寺院の住職となり、その過程で僧道を全うする具体的な意味を感じ取っていきます。しかし、それをしっかり身につけた者とそうでない者との差は「いざ」という時にはっきり現れる。得度した多くが、真の僧道を歩んでいたなら、今日のようなお粗末な日蓮正宗にはならなかったはずであると思います。

　創価学会の帰依により正本堂建立までは日蓮正宗は発展したかに見えましたが、それと同時に失ったものも少なくはありません。表面上発展したものは信徒数、僧侶数、寺院数、総本山の伽藍、経済的な恩恵等であり、失ったものの最大は僧侶の道念であります。その道念の低下がそれ以後の衰退を如実に物語っております。

　日蓮正宗は、日蓮大聖人が、「日本一同に南無妙法蓮華経と唱え広宣流布すれば富士山に本門戒壇を建立すべし」と日興上人に御遺命なされ、以後、時代時代に即した広宣流布を目指し、そして我々も御遺命の実現に向けて精進して参りました。

　創価学会の登山会が盛んになり、奉安殿での御開扉も一日に十回前後となり、収容人数の大きな建物が必要となりました。その建築物がだんだんとエスカレートし正本堂建立となったわけですが、その意義付けに異をとなえた数名の僧侶が擯斥処分となってしまいました。教師になりたての私は何もできず、追放された僧侶方には個人的に申し訳ない気持ちで今日まで来てしまいました。私の僧道に刺さった棘はそのまま抜けずにいるが、正信覚醒運動に精進し正信会の為に尽力することで、なんとか許しをと願っています。

僧道とは、日興上人・日目上人の御修行を鑑として自らを律し、権力・金力におもねず、上求菩提・下化衆生に徹する道念であると思います。亡くなられた諸大徳の塔婆に「一心欲見仏　不自惜身命」と書写されておりますが、それに恥じない僧道を正信会全員が歩みたいものです。

正信会御一同様の益々のご健勝とご多幸をお祈り申し上げ、新年の辞と致します。

昭和30年まで戒壇の御本尊が秘蔵されていた御宝蔵

戒壇の御本尊が秘蔵されていない現在の御宝蔵

平成26年度　教師補任式　議長祝辞

法華経法師品第十

平成26年4月6日　於弘前市・東大宣寺

皆さん、こんにちは。

本日は平成二十六年度の「教師補任新説免許式」が厳粛に執り行われまして、ただいま高座説法を終えられた晶栄房に補任状を授与し、改めて一人前の僧侶となり正信会の宝となりました。皆さん拍手で御祝いをしてあげてください。誠におめでとうございます。

この慶事に当たりまして、正信会副議長・秋田舟済御尊師、教区有縁のご僧侶、また寺族の方々、当寺檀信徒や教区内のたくさんの方が参列をして頂きまして、立派に奉修することができました。

特にお師匠様であります木全行栄御尊師並びにご家族の方、本当におめでとうございました。

少子高齢化が叫ばれる今日において、この東北の地に一人の立派な僧侶が誕生いたしました。これを支えたのが皆様方でございます。また晶栄房はその支援に対して、一生懸命に修行をして、そしてご信徒のためにも、更なる精進をお願いするところでございます。

ただいま晶栄房は「妙法蓮華経法師品第十」を説法されました。お釈迦様は、序品第一から普賢菩薩勧発品第二十八までの法華経を説かれましたが、序品から授学無学人記品第九までは、特に在世の衆生に対しての説法でございました。本日説法の法師品第十からは、滅後の人達、つまりお釈迦様が亡くなられた後の人々のための説法でございます。

法師とは、せまい意味で言えば五種法師であろうかと思いますけれども、広い意味で言えば、法華経のために修行をする全ての人達を法師というのではなかろうかと思います。お経文の中には、この末法において、「一人のためにこの妙法蓮華経を説く者は如来の使いなり」とお説法されております。また、大聖人様は『諸法実相抄』において、「力あらば一文一句なりともかたらせ給ふべし」とご教示あそばされております。

どうか、僧俗が共に一致して、広宣流布のために、あるいは私達の正信覚醒運動のために頑張っていただきたいと切に願っております。

最後に、この度の教師補任式に当たりまして、教学部長・卜部乗道御尊師始め補任式担当委員の方々、また教区の僧侶の方々、さらには当寺檀信徒の方々、いろいろとお手伝いを賜りまして、誠にありがとうございました。正信会を代表いたしまして、厚く御礼を申し上げます。本日はおめでとうございました。

第37回　日蓮正宗正信会・法華講全国大会

東京宣言

平成26年5月18日　於銀座ブロッサム

皆さん、こんにちは。

いいお天気に恵まれ、750数名にのぼる方々のご参加を得まして、盛大に法華講全国大会が開催されました。

今日はあまりにも天気が良かったので、私のお寺のご信徒と一緒にこの近辺を少し観光してきました。皇居や国会議事堂の周辺、お台場、それから銀座。非常に新緑が美しくて、こういう俳句を一句作りました。「新緑や銀座に集う正信会」、この句を継命新聞の6月1日号に投句しますので、おそらく掲載されると思いますが…。（笑い）

第37回日蓮正宗正信会法華講全国大会が、ここ東京の銀座ブロッサムにおいて、全国各地より信心あつき方々がご参集になり、盛大に開催されまして、誠におめでとうございます。謹んでお祝いを申し上げます。

今大会に当たりましては、東京教区の僧侶並びにご信徒の皆様にはいろいろとご尽力を賜り、また千葉・茨城教区の僧俗の方々にもお手伝いいただきましたこと、正信会を代表して厚く御礼を申し上げるとともに、会場の皆さんも感謝の気持ちをもって、拍手をお願いします。

今年は「正信の燈を未来へ」をテーマに掲げた大会で、映像・所感発表・青年僧侶の所感等、また講演の中にもその趣が語られておりました。たいへんにありがたく、明るい希望の未来を確信しました。

正信の法燈を継ぐご信徒の方々や、また若い僧侶達が信念や希望をもってこの覚醒運動を継続していけるように、先陣をきった我々はその環境を整えていかなければなりません。その環境づくりの1つとして、この2～3年の懸案事項となっており、また皆さん方も大変ご心配されている、2つのグループに分かれている問題があります。

2年前、第35回大会を四国の高松市で開催し、その時に私はこの状況について皆様方に「ご心配かけて申し訳ありません」と深謝し、何とか協調しあえるようにがんばると申し上げました。この時は俗なたとえで申し訳ありませんが「家庭内別居」のような状態でした。ところが、昨年の第36回大会には家庭内別居から、もう家を出て行ってしまって我々とは別に全国大会を開催、今年は北海道で大会を開くようです。

このように組織・機構・運営・活動のスローガンも別、そして2年以上にわたり会費も未納、継命新聞の講読もしていません。

これらの行動から、彼らは明らかに我々とは別の団体になってしまっているのが現状です。前に進もうと思っても、衣の裾を踏まれているような状態で前に進めません。これでは未来へ羽ばたくこともできません。皆様のご期待に添うことができなかったことへの責任は、僧侶全員が痛感しています。

しかし肝心なことがここまで違ってくるのであれば、もうそろそろ一つの結論を出さなければならないということを、つらいことですが申し上げさせていただきます。ここにいます壇上の僧侶は腹を決め、その覚悟はできております。ほんとうに残念なことですが、皆様にもこの情況を理解していただき、その腹づもりはしておいて下さるようお願いいたします。そして我々を信じて、未来に向かって共々に精進していただきたいと、せつに願っております。よろしくお願いします。

そこで我々はどうがんばって歩みを進めていくのか、どう精進して未来に羽ばたいて行くのか、その理念を今一度確認しておきたいと思い、二つ申し上げます。

一つは、昭和56年3月に発表した「本門戒壇の大御本尊を断じて否定するものではない」、これは何度も申し上げていますように、私達の信仰の根本、御本尊様ですから当然です。その戒壇の御本尊様は、広宣流布の暁まで御宝蔵に秘蔵されるというのが伝統法門ですので、あくまでも遙拝が主です。今日の宗門が突然に言い出した「直拝しないと成仏できない」というのはまったくの誤りです。このことも覚醒させなければならない一つです。また「宗開両祖の御教示、御遺訓を正しく弁えられ厳護される法主上人に対し奉っては、血脈付法の大導師と信伏随順申し上げるのは当然であって、我々もそれを心から望んでいるのである」。皆様ご存知の「正信会の統一見解」です。この統一見解は正信覚醒運動の原点として、これからも「正信の燈」として未来に向けて貫き通してまいります。

もう一つは、我々は日蓮正宗を捨てようとか、破壊しようとか、分派独立しようとかそんな気持ちは微塵もありません。日蓮正宗正信会として、日蓮正宗の看板をはずすことはございません。

法主詐称・謗法与同の阿部日顕師による正信会僧俗への擯斥処分、信徒除名処分は、あくまでも不法・無法であることをしっかりと歴史に刻み、日達上人が総本山での第2回目の全国檀徒総会でご教示された「正信会僧俗こそが、赤誠護法の日蓮正宗僧俗である」と、涙が出るほどありがたいお言葉を賜りました。このことを末永く宗門内外に示しその覚醒が成就し、富士大石寺に清流が戻った暁には、日蓮正宗の合一を決するものです。その日まで正信覚醒運動に邁進するしかありません。

それに加えて、覚醒運動と共に大聖人様の教えを一般の方々に下種をする折伏も忘れてはなりません。

以上二つ申し上げましたが、ちょっと長いですから、口ずさめるような短い文章にまとめますと、日蓮正宗正信会は、
一つ、昭和56年3月1日号、継命新聞発表の「正信会統一見解」を遵守する。

一つ、正信会僧俗こそが、赤誠護法の真の日蓮正宗僧俗であり、覚醒運動成就まで一層の精進を誓う。

そこでこの二つを、本日の東京大会に鑑み、〝東京宣言〟と、名付けたいと思いますが、ご賛同いただけるでしょうか……たくさんの拍手ありがとうございました。

最後になりますが、昨年の大会の折に、これからの全国大会のあり方についてお尋ねしました。寄せら

れた声は、大会規模の大きい小さいにかかわらず、年に一度の大会は続けて欲しい、という意見が大半でした。そういうことですので、しばらくその方向で全国大会を開催したいと思います。

そこで、来年の第38回大会は今回ぐらいの規模になりそうですが、中部・三重教区が担当して、5月24日に名古屋で開催いたします。中部、三重両教区のご信徒の皆様、手を挙げて下さい……私の地元ですが、よろしくお願いいたします。

それでは皆さん、東京宣言を口ずさみながら　銀ブラを楽しんで下さい。そして、来年は「尾張名古屋は城でもつ」その名古屋で元気にお会いしましょう。

壇上の僧侶

会場の参加者

平成26年度　教師講習会　議長挨拶

獺祭

平成26年9月3日～4日　於琵琶レイクオーツカ

平成二十六年度の教師講習会が、妙教寺様始め多くの諸尊師のご参加によりまして、盛大に開催されましたこと、誠におめでとうございます。

また卜部教学部長始め講習会の担当委員の方々には、準備万端整えていただきましたこと、正信会を代表いたしまして、厚く御礼を申し上げます。誠にありがとうございました。

さて、皆様「獺祭」というお酒の銘柄をご存じでしょうか。これは山口県岩国市の酒造会社のお酒でございまして、今たいへんな人気でございます。「獺祭」という字は獺の祭りと書きまして、正式には「獺祭魚」といいます。凍っていた川の水が解け、獺が自由に川の水の中に入って獲物を捕り、その獲物を巣の近くに、お祭りのように並べるようです。おそらく、獺は餌の保存と考えているようでございますが、それを人間側から見た場合に、獲物に対して感謝している姿に見えるようでございます。あるいは、親や先祖に対して恵み物を供え、敬う気持ちがあるのではないか、というような意味にとったようでございます。

また中国の宣明歴という季節の七十二候の中に「獺祭魚」とあり、2月20日頃から25日頃までの期間をいうらしいです。その名称で、気象の動きや動植物の変化を知らせたようです。

釈迦に説法となってしまいますが、大聖人様は新池御書に、「川獺祭魚」と書かれてございます。この御書では、畜生ですら報恩感謝をしていると、私達凡夫を戒められてございます。さらには、禅宗の僧侶は、「かちん（褐色）の直綴をだにも著つればうち慢じて」と仰せになり、衣を着るとすぐ偉そうになり、上から下へ目線を投じて人を見る、地位や徳のある人でさえも横柄な態度をとり、自分に徳がなくとも、衣さえ着ればそのような態度になると仰せであります。ゆえに大聖人様は、畜生ですらそうなのに、人間はどうしたんだと戒められ、もっと礼節をわきまえて、成長しなさいということを仰せになっているのであります。

ですから我々も、しっかりと礼節というものをわきまえ、行動するということが大切でありまして、僧侶だから偉いという考えは、捨てなければならないと思うわけであります。そして、信徒に対しても、社会に対しても、同じように礼節を重んじ、自分を磨いていただきたいと願うところでございます。

それでは研修に励むと共に、有意義な時間となりますようお願い申し上げ、挨拶とさせていただきます。

継命新聞　平成27年1月1日号

真の覚醒運動は正信会のみ

立宗七百六十三年の新春を迎え、謹んでお祝い申し上げます。全国正信会法華講の皆様、海外法華講の皆様、継命新聞読者の皆様、おめでとうございます。本年が信心倍増・天下安全の年でありますよう、お祈りいたします。

正信覚醒運動が本格的に始まり、昭和54年4月28日の立宗会を記念して「継命新聞」が創刊されました。創価学会の謗法を糺すのが起因でしたが、その後、阿部日顕師の法主詐称や近代宗門の悪弊を覚醒する事項も加わり、今日に至りました。

創価学会の謗法問題は正信会が除名された以後はそのまま放置され、平成3年には破門となり、さらに昨年11月に創価学会々則の教義条項を変更し、明らかに戒壇の御本尊を否定し、宗門とは無関係と宣言しました。よって今後は覚醒運動の対象というより、他宗と同様に折伏の対象となりました。まことに残念であり、私達の力不足を歎くより外ありません。

創価学会は日蓮正宗を利用し公明党を作り、政権入りを果たしましたが、その効果は無きに等しく、日本社会を悪化させただけであります。信心を利用した大罰とその慢心は、創価学会をいずれ崩壊に導くでありましょう。だが「継命新聞」はその時代、その時代を正確に見据えて覚醒運動に寄与してきたことは事実ですので、必ずや将来の財産となるでしょう。

正信会は当初からこの運動が何年経っても「ぶれない」ように、昭和56年3月に「正信会統一見解」を発表し、幾度となく確認して来ました。

昨年の第37回全国大会では「東京宣言」を発表し、

⑴昭和56年3月1日号・継命新聞発表の「正信会統一見解」を遵守する

⑵正信会僧俗こそが、赤誠護法の真の日蓮正宗僧俗であり、覚醒運動成就まで一層の精進を誓う

この二つを宣言しました。

⑴については、弘安二年に顕された本門戒壇の御本尊は究竟中の究竟、本懐中の本懐、三大秘法の中心をなす随一の御本尊であり、これを根源として信仰しなければならないこと、さらに宗開両祖の教えと戒壇の御本尊を命懸けで厳護される法主上人には信伏随順するのは当然であります。

阿部・早瀬師のように、仏法に己義を構え、権威や地位を利用して人事権や強制をもって僧俗をひれ伏

させるような法主には従わず、これを諌めることは、日興上人のご遺誡の通りであります。

(2)については、宗門は法主を、創価学会は池田氏を、顕正会は浅井氏をそれぞれ絶対化・本仏化して、組織を維持するために法門破壊、戒壇の御本尊否定、僧侶排斥等、本来の富士門流の教えから遠ざかっているのに対し、我々は「正信会僧俗こそが、赤誠護法の真の日蓮正宗僧俗である」との日達上人の有り難いお言葉を今日まで厳守しております。今後もこれに恥じないよう自信と誇りをもって信心修行に邁進していかなければなりません。この「東京宣言」を心に懐き覚醒運動を前進させてまいりましょう。

ただこの「東京宣言」を批判し、戒壇の御本尊に疑義を呈しているかつての同志は、速やかに日蓮正宗の法衣を脱ぐべきであります。

昨年は青森県弘前市・東大宣寺の木全晶栄師が教師に任ぜられましたが、今年は宮崎県日南市・本照寺の遠藤宏照師（師匠・遠藤宏道師）が三世の大願である「教師補任新説免許式」を迎え、4月5日に本照寺で執り行われる予定であります。

所属寺院のご信徒はもちろん、九州の皆さん、そして正信会にとって2年続きの慶事となります。

正信会の活動方針は3年目を迎えますが、「初信忘れず菩提寺参詣」は月例行事、年中行事等、何かにつけて菩提寺に参詣し、御本尊様やご住職にお会いして常に初信の喜びを忘れないでいただきたい。また、「一歩一歩確実に法燈相続」は子や孫、そして講中の青年に信心の大切なことを時間がかかっても確実に、自らの行動で示していきましょう。

最後になりますが、今年の第38回・全国大会は「正信の継承は我等が使命」をテーマのもと、日本の真ん中、名古屋で開催されます。昭和59年の第9回大会以来30年ぶりであります。

実行委員会の方も、皆様をお迎えするために張り切っていますので、5月24日には「我等こそ富士の本流」の確信と喜びをもって、元気でご参加下さい。

巻頭言　日蓮正宗の再生

正信会々員の皆様に謹んで年頭の御挨拶を申し上げます。

新年おめでとうございます。

正信会は昭和五十五年の発足以来、その運動は創価学会の謗法を糺し、阿部日顕師の法主詐称と近代宗門の是正を訴え今日まで「ぶれる」ことなく精進し、その時々の反省として昭和五十六年三月の「正信会統一見解」を確認してきました。思うに覚醒運動は決して不可能ではなく必ず終着が来ると信じています。何故なら目指していることが富士門流に適っているからです。ただ創価学会は昨年十一月に会則の教義条項を変更し、宗門とは無関係と宣言したので覚醒運動の対象外となり、会員の成仏を思うと誠に残念です。

宗門は早く阿部日顕師の所業を弾劾し、慢心を改め信徒の成仏をせつに願わなければならないのでありま す。更に嘗ての同志であった者が戒壇の御本尊に疑義を呈するなら速やかに法衣を脱ぐべきなのです。

さて当地に榊原温泉という名湯があり、平安時代の清少納言は「枕草子」に有馬と玉造と七栗（榊原）の三つを良い湯と謳い、肌がスベスベになることから美肌の湯として知られています。私が住職に赴任した頃は、その温泉旅館の従業員等はサービスは悪く、部屋や食事もそれほどではないのにいつも混んでいました。ところがバブルが弾けた頃よりお客は減少し、その為種々の面が改善され今ではサービス等も良くなった。それは名湯に頼り過ぎ、慢心していたからであると思います。

宗門、あるいは正信会僧侶の中にも同じような錯覚があるのではないでしょうか。大聖人の仏法が最上であることは確かですが、そのことと僧侶自身の力徳とは関係が無いのに、そこを混同しての慢心があり、大事な修行はそこそこに要領のみが先走り、自ずとそれらが染みついてしまっているのではないでしょうか。そう言いながらもそんな時代の風潮にいた一人であるが、ただ擯斥処分以後は信徒を相手だけでなく、公民館活動やスポーツを通して広く社会にも入り、布教講演会等を開催しながら鍛錬し僧道を歩んでいます。それによって信徒の心も一層分かるようになりました。

翻って今日の宗門の有様は旧態依然とし、更に硬直化もしており、金太郎飴的僧侶しか育っていない。これほど法門が狂い、機構が歪んでも何一つ意見が言えないなど健全な組織ではない。閉鎖社会、差別構造、屈折した心理、それ等を解決するには僧侶の資質と機構と学衆教育の改善を計るしかありません。僧侶は信徒に必要とされることは当然ですが、団体や社会にも必要とされる人間にならなければ真の日蓮正宗僧侶と言えないのではないでしょうか。

正信会は既に多くの経験を積み多様な勉強をして来たので、宗門の反省があればいつでも日蓮正宗の再生を短期のうちに成し遂げる力があります。

私は日達上人と讃岐本門寺・貞広日文師のおかげで俳句に興味をもち少々勉強もしました。新興俳句運動で名を知られる山口誓子の句に「雪の田と雪無し水田隣り合ふ」があり、本人の意志は容易に理解できないが、おそらくお互いが思いやることで両田に稔りがあり、人間や自然も異なるものがあって良いし、個性があってこそ輝くと云う意味ではないかと推測します。厳格と大らかさを包み込めるようなそういう人間になりたいものです。

正信会御一同様の益々のご健勝とご多幸をお祈り申し上げ、新年の辞と致します。

堂々たる総本山大石寺の三門

本道寺入仏落慶法要　議長祝辞

落慶記念日　三月八日

平成27年3月8日　於柏市

皆様、こんにちは。

私は、三重県津市の経住寺でご奉公をさせていただいております、古川興道と申します。

本日は、法華山本道寺の、入仏落慶法要が盛大に執り行われ、正信会を代表いたしまして、謹んでお祝いを申し上げたいと思います。

おめでとうございました。

今、経過報告にもございましたように、一ヶ寺を建立するということは、大変なエネルギーと申しますか、辛抱がいります。しかし、川村御住職始め、講中の多くの方々が努力をして、御本尊様に御供養申し上げ、このように立派な寺院が建立できましたことは、本当に有り難いことと存じますし、またその功徳やいかばかりかと思う次第でございます。

そして、これからは本日、三月八日を建立日として、一年一年外護の誠を尽くし、皆様方の子供・孫・末代までもこの寺院が発展するように、お祈りするところでございます。

三月八日というと、川村御住職は東北の出身でございまして、明和二（一七六五）年でしたか、仙台法難というのが始まるんですね。覚林日如という若い僧侶が、折伏布教を盛んにしたため、幕府の宗教政策によって島流しにあうんですけれども、その仙台法難が始まった日が、この三月八日という日でございます。

それからもう一つ、私達の総本山大石寺の開祖、また第二祖であり、大聖人様の大事な法門を護り伝えられた、日興上人様のお誕生日でございます。寛元四（一二四六）年、甲斐の国・鰍沢でお生まれになりました。

この三月八日がきましたら、今日は日興上人様のお誕生日、そして建立日、また仙台法難の始まった日だと思い出して、これからも寺院が興隆していくように、皆様方のご精進を心よりお祈り申し上げます。簡単ではございますが、正信会を代表いたしまして、一言祝辞とさせていただきます。

本日は、誠におめでとうございました。

平成27年度　教師補任式　議長祝辞

法華経見宝塔品第十一

平成27年4月5日　於日南市・本照寺

皆さん、こんにちは。

本日は宏照房の「教師補任新説免許式」が、盛大にそして厳粛に執りおこなわれましたこと、正信会を代表致しましてお祝い申し上げます。おめでとうございました。

宏照房はこれまで数々の試験に合格され、修行をされまして、立派に高座の説法もつとめられ、今ここに、免許の補任状をお渡しした次第でございます。皆さん拍手をもってお祝いをしてあげて下さい。

お坊さん一人を育てるというのは、大変なことであります。一番は御信者さんが育てたんですよ。この本照寺さんの御信徒さんによって、立派な一人の正信会の僧侶を育てて頂きました。勿論、師匠の遠藤宏道師も、色々と修行をさせたと思いますが、こうして本照寺の宝、南北九州、さらには正信会の人材として、一人の僧侶が誕生されたということ、こんなに嬉しいことはございません。どうか、宏照房も今日の御恩を忘れず、これからは御信徒に易しく大聖人様の仏法を説き、成仏に導き、また正信会に対しては、色々体験、経験を積み、尽力して頂きたいと、このようにお願いをするところでございます。

只今、宏照房が見宝塔品第十一を説法されました。正信会では、昨年も青森のお寺でこういう儀式があって、一人の僧侶が誕生しました。その時は、今日説法した見宝塔品の前の法師品第十が説法されました。法華経は、序品から勧発品まで二十八品ありますけど、順番に説法しているわけであります。それで、今年は見宝塔品第十一です。

それから只今、会行事と言って、二人の説者を先導しておりました、淳明君と和興君、この方達は、今年教師の資格試験を受け再来年、こういう儀式をされる訳です。その時は第十二の提婆達多品と、第十三の勧持品を説法される訳です。そしてようやく一人前の僧侶となって、皆さんに説法が出来る様になるわけです。期待したいと思います。

これで本照寺さんも、一人立派な僧侶が誕生しましたから、皆さんも安心して長生きして下さい。ありがたいことと思います。

先ほど、宏照房が見宝塔品の、だいたい大筋なことを説法されましたが、お釈迦様は序品第一から法師品第十までは、インドの霊鷲山という、小高いお山で御説法されました。ところがこの見宝塔品第十一からは、宝塔が涌出して、空中、虚空といいますけども、その虚空で説法される。これは奇瑞といいますか、奇蹟といいますか、私達には到底不可思議なことですけれども、この見宝塔品第十一から二十二の嘱累品までの十二品は、虚空で説法されるわけです。皆さん方が朝晩勤行している寿量品第十六は、この虚空での御説法なんです。それから第二十三の薬王品から終わりの勧発品までは、また霊鷲山で説法される。それで地上と虚空ということで二処、それから、最初の霊鷲山と虚空と後の霊鷲山と三回の説法、これを合わせて「二処三会」という風に言うんですね。そういうこともひとつ覚えておいて下さい。

この法華経を説かれたお釈迦様が最後に、一日一夜と言われております涅槃経の中で、「仏法を学するものは大地微塵より多けれども、まことに仏になる人は爪の上の土よりも少なし」と、大地微塵というと、仏教ではたくさんあるという意味の譬えですけども、大地を粉々にする、微塵にするということですから、数がものすごく多いことですね。それから爪の上の土というのは、浜辺を歩いていると足の指にちょっと砂がのったりします。自分の手で置いてもそんなにたくさんのるものではないですよ。そういう意味で、少ないことを、爪の上の土と言うんです。仏教を信心する人、勉強をする人は本当に多いのだけれども、実際に仏になる人はわずか、少ないですよと、こういうことなんです。

大聖人様は、何故少ないかというところを、心のおろかな者はもともとどうしょうもないが、智慧の有る人でも「師によりて我が心の曲がるをしらず」と、師匠によって、指導者によって自分の心が曲がっていること、間違った方向に進んでいることに気がつかない、だから成仏出来ないんだと言うんです。

この本照寺さんは古いお寺です。五～六百年の歴史の有るお寺ですから、元々の檀家さんもいるでしょう。また創価学会の誤りによって、正信を求めて門を叩いた方もいらっしゃる。その創価学会の当初は

「折伏をして、広宣流布の暁には戒壇の御本尊様を本堂に安置して、世界中の人々が参詣し」と言って、一生懸命折伏してきたんですよ。ところが去年の十一月に創価学会の会則の変更があって「私たちは弘安二年の御本尊を受持の対象にしない」と、こう宣言したのです。私たちはもう戒壇の御本尊を信心しませんと言うのですよ。「これまで頑張ってきたのに、なんでこういうことになるんだろう」と、「学会員の方はどうして、何も言わないのか」と、「これはおかしいじゃないか」って。先ほど、大聖人様が智慧有る人でも「師によりて我が心の曲がるを知らず」と仰せになっていると申しましたが、学会員の方は自分の心が曲がっているのを知らないんですかね。気がつかないんですかね。私は気の毒だと思っています。だから救ってあげなければなりません。最初はみんな、幸せになりたい、成仏したいということで信心したんですから。

それからもう一つ、三十余年程私たちと共に、覚醒運動をしてきたものの、あるグループが最近、板の御本尊に固執しないと、こう言うんです。それはおかしいでしょう。戒壇の御本尊はもちろん板御本尊ですよ。皆さん方の家庭の御本尊は紙幅ですが、住職から御本尊を下附された時になんて言われましたか。「この御本尊様は仏様ですから、例えば、火事があったときとか、一大事の時には、いの一番にこれをもって逃げて下さいよ、守って下さい」と、また「朝晩の勤行の時には、生身の大聖人様と思ってお給仕して下さい」と、言われたでしょう。それで信心しているんです。ここの本照寺の御本尊様も、御住職が命を懸けて守っています、お給仕しています。紙幅であろうと板であろうと、御本尊に固執するのは当たり前であります。固執するなというのは、それは間違いです。私たちはあくまでも戒壇の御本尊様が根源です。「究竟中の究竟、本懐中の本懐」と、二十六世の日寛上人も仰せであります。お寺の御本尊、家庭の御本尊は戒壇の御本尊様の分身として、お仕えしていくというのが私たちの信心です。私たち正信会はそれをずっと守って、皆さん方にも教え、そして成仏して頂きたい。今世で成仏し、現当に亘って成仏して、幸せになっていくということが大事ではなかろうかと思っております。どうか、遠藤御住職、或いは宏照房にきっちり指導を頂いて、間違いの無いように、さらに、本当に智慧があっても、大聖人様は「仏教をなをしくならひうる事かたし」と、仏教というのは、「なおしく」というのは、正しいことですね、正しく信仰することは、「かたし」、むずかしいというんですよ。だから智慧が有るからと言って慢心してはいけません。

私たちは有り難いことに、今、日蓮正宗正信会で成仏出来る、功徳を積むことが出来る信心をしております。この有り難さを肝に銘じて、今後も頑張って頂きたいと、このようにお願いします。

最後になりましたけれども、今回この儀式にあたりまして、正信会教学部長、卜部乗道御尊師をはじめ、補任式担当の諸役の方々には、万端調えて頂きまして、盛大に奉修することが出来ました。厚く御礼申し上げます。以上、種々申し上げましたが、お祝いの言葉といたします。おめでとうございました。

新説者に補任状授与

第38回　日蓮正宗正信会・法華講全国大会

正しい信心の継承

平成27年5月24日　於ウインクあいち

皆さん、ようこそ名古屋へおいでいただきまして、誠にご苦労様です。

名古屋から遠いというと、北は北海道、南は九州です。北海道からご参加の皆様、手を挙げて下さい。ご苦労様です（会場拍手）。それから九州の方、手を挙げて下さい。ご苦労様です（会場拍手）。全国大会ですから、各地からご参加されています。遠い近いはともかく、今自分がここにいるということが大事ではないかと私は思います。つまりそれぞれが、事情を抱えたり、都合があったり、困難の中を一つひとつ乗り越えて、今ここにいる自分たちに対して「よぅがんばったなぁ」という拍手をお互いにしたいと思います。ご苦労さんです（会場拍手）。

第38回日蓮正宗正信会法華講全国大会が、信心篤き八百有余名のご参加をいただき、盛大に開催されましたこと謹んでお祝いを申しあげます。（会場拍手）。

当大会にあたり、中部・三重両教区の僧侶ならびにご信徒のお手伝い、ご支援により、このように立派な開催ができ、正信会を代表して厚く御礼を申し上げます。両教区のみなさん、ちょっとご起立を願えますか？　寝ているひまはありませんよ（会場笑い）。会場のみなさん、拍手をして挙げて下さい（会場拍手）。

今大会は「正信の継承は我等が使命」というテーマのもとに企画をされ、映像・所感発表・僧侶の抱負・講演等と、それぞれがその趣を語られました。

正信を継続していくということが、いかに大切か。年配の方も若い方も正しい信心の継承が大事です。正信会の未来を拓くために、皆さん方に精進いただきたいと願います。

それから、第一部の映像「法難を乗り越えて」は手作りなんですよ。業者に任せれば、相当の費用がかかったでしょう。いま正信会は節約中なんです（会場笑い）。この正面の題字も、僧侶の手書きです（会場拍手）。ありがとう。私が書いたわけではないんですが……（会場笑い）。

映像は金沢の最勝院ご信徒・中谷勝さんという方に、仕事の合間がんばってもらったんです。中谷さんきてください。それから映像のナレーションは今日の司会の徳田賢一さん・西山直加さん、この3名がやってくれました（会場拍手）。手作りで行われた全国大会ということで喜んでおるところです。ありがとうございました。

昨年東京で開催された全国大会において「東京宣言」を発表しました。おそらくほとんどの方が憶えていると思うんですよ。（会場笑い）だけどもう一度いっておきます。

それは「正信会の統一見解を遵守する」でしたね。本門戒壇の大御本尊を私たちは信仰の根本としていこうと。これは日蓮正宗の命ですから絶対に否定することはできません。それから「英邁な御法主には信伏随順していく」と。これは正信会発足当時から、僧俗の約束ごとです。

あの阿部日顕さんのように嘘をついて法主になったら、そりゃダメです。それを私たちが「どうなんですか」と聞いたら、問答無用で僧侶は擯斥、その僧侶についているご信徒は追放など、「やめてくださいよ。そんないい加減なこと」といいましたが、現実はこうです。だけど今思うと、私たちはそのお陰で正信の信心ができたのですから、擯斥されたのは仏様の導きだと思うんです。

それから、真の日蓮正宗の僧俗は誰かといった時に、現在において信徒はみなさん方、この壇上に居られる方と法務で来られない正信会の僧侶しかいないんですよ。だから私たちは、真の僧俗であるということを自覚して欲しい。正しく信心が行われているのは我々正信会の僧俗だけなんです。ということですので折伏・覚醒運動に精進しようというメッセージを「東京宣言」に込めました。

「仏法を学する者は大地微塵よりをほけれども、まことに仏になる人は爪上の土よりもすくなしと」と涅槃経に説かれています。信心する人は多くても、真の成仏ができる人は少ない。成仏とは信仰的な幸福といいますか……砂浜を歩くと足の爪の上に土が乗りますよね。僅かなことを爪の上の土といいます。それほど信心していても成仏する人は少ない。その理由を大聖人様は「師によりて我が心の曲がるを知らず」と、こう仰せです。

師とは師匠、あるいは指導者、あるいはグループ長などによって、それぞれに所属されている信徒や会員が、「我が心の曲がるを知らず」と……。正しい信仰から段々ずれる。そんなことあるんかなぁと思っても、世間には洗脳って言葉があるじゃないですか。以前、オウム真理教でも、賢い人が無差別殺人を起こしてしまった。それに似たようなことは、よくあります。

旧法華講の方以外は、ほとんど創価学会から正信の門を叩いたと思いますが、今から50～60年ほど前は、折伏！　折伏！　で、毎日燃えるような信仰活動だった。折伏をして早く広宣流布をしようと、日本・東洋・世界へと広げ、本門戒壇の大御本尊を広宣流布の暁には、そういう堂にご安置して、懺悔滅罪の道場にしようということでね、みなさん正直に信心をがんばってきたと思うんですよ。それがそれが去年の11月、創価学会は会則の教義条項を変えて、「弘安二年の御本尊を受持の対象としない」と、こう宣言したんですよ。

つまり、今後は日蓮正宗の根本である本門戒壇の大御本尊を拝みませんと。これでは大聖人様の法を利用しているだけです。池田創価学会は政治権力に陥ったのかなぁ。可哀想に、みんな幸せを求めて信心をしたんですよ。それが今日ではこのような状態です。おそらく、牧口さんも戸田2代会長も悲しんでいると思いますよ。だからといって哀れむばかりではなく、彼らを折伏しないといかんですよ。

それと宗門、阿部師の権力欲というのも困ったもんです。嘘をついて猊座に着いたのを、宗門の僧侶はみんな知っているのに、黙って知らんぷりしている。そんなことは許されませんよ。日蓮正宗の歴史に一大汚点を残すことになる。そのために、私たちも訴えていますけど、宗門自身が阿部日顕師を弾劾するしかないと思いますよ。外と中からでないと、大きな組織の改革は難しいんです。

それともうひとつ、本門戒壇の大御本尊は御宝蔵に秘蔵され、広宣流布の暁にお出ましになる御本尊です。時に内拝というのもありますが、これが日蓮正宗の伝統法義です。しかし宗門は、戒壇の大御本尊を直拝しないと成仏できないと。2年ほど前から言い始めたのかなぁ？ 直拝とは直接拝むことです。蔵に秘すこととは全然違うものですね。

私たちの場合は遙拝、遙かに拝むということ。私たちは家庭の御本尊や寺院の御本尊から、遙かに戒壇の大御本尊を心に思い浮かべ、渇仰恋慕の気持ちで信心している。それが遙拝という、正しい拝し方です。直拝などは、とんでもない間違いです。そういうことを宗門はいまやっているんです。

それと、30数年私たちとともに、覚醒運動をしてきたひとつのグループが、一知半解の教学におぼれ、慢心を起こして戒壇の大御本尊に疑義を呈している。言語道断ですよ。

これでは戒壇の大御本尊を、宗門は利用する、創価学会は否定する、あるグループは疑義を呈するで、情けない話です。

これは皆さん方が「爪の上の土」ということの証明です。指導者や師匠によって、自分の心が誤った方向に向かっているのに気がつかないのは残念です。そして大聖人様が「仏法を正しく習い、信心することは難しい」と仰っている通りになっています。皆さん方は純信に、真面目に御本尊を信仰しているでしょ？ 私たちにとっては簡単なことだと思っても、他の人にとっては難しいのです。皆さん方は正信の師についてきたので成仏が叶うのです。「爪の上の土」の人なのです。

慢心はいけませんが、皆さん方にはこれからも、信心に自信と誇りを持って、精進をしていただきたいと思います。

最後に、来年の39回全国大会は5月22日、兵庫で開催します。兵庫教区の皆さん手を挙げて下さい（会場拍手）。拍手はまだ早い（会場笑い）。来年しっかりやってもらったら、拍手をおくりたいと思いますので兵庫教区の方よろしくお願い致します。

以上　議長の挨拶とします。

平成27年度　学林研修会　議長訓話

上求菩提、下化衆生

平成27年6月23日〜24日　於琵琶レイクオーツカ

平成二十七年度の学林研修会が、皆様方の参加を得まして開催できましたこと、誠に有り難く存じます。お忙しい中、遠方よりご苦労様です。

六月十三日、正信覚醒運動の先駆者として頑張ってこられました、西宮市堅持院主管・渡邉廣済師がご逝去されました。大変お話の上手な方でございました。ここで皆様方とともに、ご冥福をお祈りし、黙祷したいと思います。

今日は二点ほどお話を申し上げます。

一つは、僧侶の力についてであります。

自分は正信覚醒運動をしているんだからこれで十分だと、そういう風に思っている方もおられるかもしれません。また、自坊の信者さんを相手するだけでいいんだよと言われるかもしれません。しかし、それでは不十分だと思っております。

やはり、日蓮正宗の僧侶は、一般の方に布教ができなければ、本来の僧侶のあり方とは言えないんではないかと思います。

今、喩え話をさせていただきますが、ここに一般の方が十人ほど、仏教の話を聞きに来ているとします。その十人の方に対して、次の機会に、何人を呼べる話ができるかということなんです。

これから三つ質問します。自分は一時間の話の中で五人以上は呼べる、一人二人だったら呼べる、今の力では誰も呼ぶことはできない、この三つの質問に手を挙げてください。

今皆さんに手を挙げていただきましたが、これがあなた方自身の現在の力なんです。私が何故このようなことをいうかと言いますと、日蓮正宗、これは当然宗門も含みますし、正信会も含むのですが、創価学会相手に毎日冠婚葬祭に明け暮れていた頃、確かに勉強する時間を取ることができなかった、或いはまた、一般社会と巡り会う機会も少なかった、そういう状態にあって、布教ということについて、大変おろそかにしてきました。そのつけが今日の僧侶の低調に、つながっているんじゃないかと思うのです。

坊さんというのは、上求菩提、下化衆生といって、上に向かっては自らの菩提を求める、要するに悟りを求める。下に向かっては衆生を教化していく。ですから一人の人間を救っていくことができるようにならなければ、僧侶になった意味がないんです。

ただ、信者さんの供養を頂いて、或いは、仏飯を食んでいて、それだけで一生終わってしまうといのは、ちょっと情けないんではないかと思うのです。

一般の方を相手にしていくには、どうしたら良いか。信者さんは御講でも、年中行事でも参詣されます。確かに住職の話が聞きたいという方もおられるでしょう。それは、信心のために来ているんです。信者さんが参詣されるからといって、自分の話が良いとは限りません。本当の力は、一般の人相手に、どれだけ話をすることができるか、ということなんです。だから一般の方に話をして、もっと話を聞いてみたいと思っていただくには、どうしたら良いかということを、常に考えていただきたいと思います。

そして、そういう話を二度三度と繰り返しているうちに、入信しなくても下種さえすれば、今世でなくても来世で、できれば今世において入信していただいて、大聖人の仏法を信仰するということになれば有り難いことではあります。しかし、そういかなくても、地道に布教することが僧侶の役目である。仏飯を食んでいることの意味である。そのことをご理解いただきたいと思います。

具体的なことについては、いつでも相談に乗りますから、その時はいろいろとお話をさせていただきます。

もう一つは、覚醒運動と本門戒壇の大御本尊について、話をしたいと思います。

覚醒運動というのは、もう四十年近くになりますが、創価学会の誤りを糾そうということで始まりました。それが、阿部日顕師の法主詐称とか、近代宗門の問題等があって、それらも含めて、覚醒運動というものをずっと続けてきたわけです。これはあくまでも、日蓮正宗という宗内においての話です。もし覚醒運動が、日蓮正宗から外に飛び出て、一宗一派を構えてするのであれば、それは覚醒運動とは呼べません。

だから、覚醒運動というのはあくまでも、日蓮正宗という集団の中にあって行うべきことであります。そういう中で、一番大事なのは日蓮正宗の命であり、根本義である本門戒壇の大御本尊です。だから、その根本を否定したり、疑ったりということは、あってはならないことです。もしそれをするんであれば、日蓮正宗から出て、今の日蓮宗と同じようになって、法衣を脱いでその主張をすれば良いのです。

そこで、四つのことを申します。

一つ目は、大聖人様が弘安二年に熱原法難を機縁として、十月十二日と言われていますが、その時に、御本尊を御図顕された、これが本門戒壇の大御本尊である。これは私たち宗内であれば、疑う余地はありません。もしここに疑を挟むのであれば、外に出てやってくださいということです。

二つ目は、日興上人様から、日目上人様への譲り状、「日興跡条々事」というお書き物があります。その中に、「日興が身に宛て給わるところの弘安二年の大御本尊、日目にこれを授与す」とあります。この「日興跡条々事」が偽書であると言われる方も、いるやに聞きます。だけども我々日蓮正宗は、「日興跡条々事」は真書であるとし、この弘安二年の大御本尊は、本門戒壇の大御本尊であるというのは、決まりきったことであって、これを否定したりしては、日蓮正宗ではなくなります。

三つ目は、第二十六世日寛上人様が、観心本尊抄文段において、戒壇の大御本尊を、「究竟中の究竟、本懐中の本懐」と仰せられています。日寛上人は言いすぎているという方がおられるかもしれませんが、日蓮正宗にあっては、これは当然のことであって、日蓮正宗の根本であるということを仰せられたのであります。

四つ目は、その戒壇の大御本尊は、日蓮正宗の総本山・大石寺の奉安堂にご安置されています。その楠の木の板の御本尊が、我が宗、日蓮正宗の戒壇の大御本尊であります。もちろん拝し方は、直拝でなければいけない、などという宗門は、とんでもないことです。日蓮正宗の伝統法義からいえば、あくまでも遥拝です。そして、御宝蔵に秘蔵されて、広宣流布の暁には、本堂なり戒壇堂なりを建立して、そこにご安置する、一閻浮提総与の御本尊です。

どの御本尊が有り難いとか、上とか下とか、そんな問題ではありません。因縁の問題です。一切衆生に与えられたか、或いは個人、寺院などへの、一機一縁の本尊かの違いがあるだけで、二つは一体であり、功徳に差別はありません。

この四つは、本門戒壇の大御本尊のことであって、ここに異議を唱えるのであれば、それは日蓮正宗の信心でもありませんし、日蓮正宗でもないということです。

創価学会は否定をしました。ところが、法人派は疑義を呈しています。信心に疑いを持つのであれば、信心をやめなければならない。僧侶でも信徒でも疑いがあるのに、何を信じるのですか。命がけで信心を貫き通さなければならない。一知半解で勝手なことを言うのは、とんでもないことです。

これらのことをきっちりと、皆さん方のかつての仲間に対して、言って欲しいと思います。

皆さん方はこれを堅く肝に銘じて、我々の信心は間違いないぞということを、しっかりと認識しなければなりません。

信心に嘘や陰りがあっては、信心になりません。私たちは信徒を抱えて、真剣に精進をしているのですから、そのあたりのことを十分に、理解していただきたいと思います。

先ほど、布教に自信がないと言われた方も、勉強をするしかありません。そのことが結局、自分の成長や信徒の教化育成にも大いに役立ちます。やった人と、やらなかった人は、今はわかりませんが、五十、六十、七十歳になったときに、はっきりと差が出てきます。だから、日蓮正宗の坊さんというのは、いばったり贅沢を求めたりするような、雰囲気がないとはいえませんけれども、一生懸命に勉強する気があれば、そういったことからは無縁となります。皆さん方にはそういう僧侶になって欲しいんです。道心の中に衣食ありです。とにかく、私たちは一人を救っていける、坊さんにならなければだめなんです。

最後になりましたが、卜部教学部長はじめ、藤川信澄師、並びに学林担当者の方々にはいろいろお世話をいただきまして、誠にありがとうございます。またこれから、講師を勤めていただく北川資道師、上地協道師、学林生のためによろしくご指導をお願い致します。

以上、正信会を代表いたしまして、御礼方々、議長の訓話とさせていただきます。

二日間頑張ってください。

継命新聞　平成28年1月1日号

爪上の土の信心

立宗七百六十四年の新春を迎え、謹んでお祝い申し上げます。全国正信会法華講の皆様、海外法華講の皆様、継命読者の皆様、おめでとうございます。

本年が信心倍増、平穏無事な年でありますようお祈りいたします。

大聖人は「仏法を学する者は大地微塵よりをほけれども、まことに仏になる人は爪上の土よりも少なし」と涅槃経を引かれ、信心をする人はたくさんいるけれども、本当に成仏する人は爪の上の土よりも少ない、と仰せであります。確かに、こんにち多くの宗教がありますが、五重の相対よりは日蓮大聖人の仏法を信じる日蓮正宗が唯一、成仏の道が開かれた宗団であります。

ところがその日蓮正宗にしても近代宗門の混乱、阿部日顕師の法主詐称、そして秘蔵し遙拝すべき「本門戒壇の大御本尊」を、直拝しなければ功徳はないなどと主張する誤りなどがあり、とても正常とはいえない状況であります。また信徒団体であった創価学会は平成26年に「本門戒壇の大御本尊」を否定して新興宗教に陥りました。信仰の根本を理解しないことは誠に残念であります。さらに正信覚醒運動を共にしてきた法人派の方々は数年前より、「板御本尊はいずれ朽ちるのであるから固執しない」また「物体の外に永遠不滅の法がある」とし「弘安2年10月12日ご図顕の戒壇の大御本尊は疑わしい」として異議・疑義を呈し、もはや日蓮正宗を離れ、身延派同然となりました。こうして見ると、我々正信会こそが大聖人の教えに正直な集団であると確信いたします。

昨年の、法華講全国大会でも申し上げましたが、正信僧俗の一人ひとりが「爪上の土」の一粒であり、こんなありがたいことはありません。慢心はいけませんが、所属寺院のご住職にしっかり指導を仰ぎながら、自信と誇りをもって信心に励みましょう。

さて昨年までの3年間は「初信忘れず菩提寺参詣」と、「一歩一歩確実に法燈相続」を活動方針として精進してきましたが、満足な成果が得られたでしょうか。

今年からは、「正信の継承こそ我等が使命」と、「法燈相続は寺院参詣から」に決まりました。「正信の継承こそ我等が使命」という文言は、昨年の名古屋の全国大会のテーマでしたが、多くの僧侶の賛同を得て活動方針に取り上げました。大聖人の教えを素直に修行することが如何に難しいかは、上記に申し上げた通りであります。

しかし我々はその正信を、熱原法華講衆が生命に替えてお題目を唱えたごとく貫いて、ぜひとも後世に語り継がなければなりません。「我等が使命」とは、正信を求めた一人ひとりの大事な役目だと確信いたします。

「法燈相続は寺院参詣から」につきましては、毎回の活動方針と似たような文言なのですが、それだけ法燈相続も寺院参詣も重要だということです。子や孫への、信心の継承は並大抵なことではありません。すんなりいく方も、四苦八苦されている方もありましょうが、小さい頃から共に寺院参詣している子の方が相続しやすいように思います。

月例行事、年中行事、そのほか寺院で開催される法要に積極的に青少年と共に参詣し、信仰の雰囲気に喜びを感じられる環境をつくりましょう。お祖父ちゃん、お祖母ちゃん、親、兄弟・姉妹、同志等がそれぞれの立場で相続者を育てる意識が大事だと思います。

また彼らが社会に出て働くようになれば、その一分を御本尊様へご供養して貧女の一灯、無勝・得勝の土の餅、迦葉菩薩の前世、南条時光殿のご精神等、仏様を敬う心を育てましょう。必ず現当にわたっての果報があります。

最後になりますが、今年の第39回法華講全国大会は日本標準時子午線の町、兵庫県・明石市で開催されます。兵庫教区の大会実行委員会の方もみなさまを迎えるために頑張っていますので、「爪上の土の一粒である」との誇りと喜びをもって、5月22日元気でご参加下さい。

鶴丸　宗祖日蓮大聖人御紋

亀甲　第二祖日興上人御紋

正信会報　155号　平成28年正月号

巻頭言　日蓮正宗不変の教義

正信会々員の皆様に謹んで年頭の御挨拶を申し上げます。

新年おめでとうございます。

「実るほど頭を垂れる稲穂かな」という故事があります。稲が実を熟すほど穂が垂れ下がるように、人間も学問や徳が深まるにつれ謙虚になり、小人物ほど尊大に振る舞う、という意味です。宗門の一部の僧侶でしょうが、葬儀の折に斎場の社員がピリピリするほど威張るという話を聞きます。慢心、独善、気まま、勝手な者等は概ね教養や智恵の薄い者が多いようです。僧侶と信徒の間だけでなく、社会に認められ尊敬される僧侶にならなければ日蓮正宗の発展はないと、正月の戒めにしましょう。

日蓮正宗にあって決して変えられない教義が「本門戒壇の大御本尊」と「唯授一人の血脈相承」であります。その「本門戒壇の大御本尊」を、創価学会は平成26年11月に会則の教義条項を変更し、戒壇の大御本尊を否定して新興宗教となりました。誠に残念であるし、日蓮正宗の責任は大であると思います。また正信覚醒運動を共にしてきた法人派の方達も数年前から「板御本尊はいずれ朽ちるのであるから固執しない」、また「物体の外に永遠不滅の法がある」、更に「弘安2年10月12日御図顕の戒壇の大御本尊」は疑わしい、と主張するのです。このように日蓮正宗の根本義である「本門戒壇の大御本尊」に異議・疑義を呈するが、最早日蓮正宗ではなく他門であることを覚悟すべきなのです。

「本門戒壇の大御本尊」については、

1．弘安2年に惹起した熱原法難を機縁とし、日蓮大聖人がその年の10月12日に御図顕されたのが「本門戒壇の大御本尊」。

2．元弘2年に日興上人が日目上人に宛てられた「日興跡条々事」の、〝日興が身に宛て給わる所の弘安2年の大御本尊は日目に之を相伝す、本門寺に掛け奉るべし〟の弘安2年の大御本尊とは「本門戒壇の大御本尊」である。

3．第26世日寛上人は観心本尊抄文段に「就中、弘安2年の本門戒壇の御本尊は、究竟中の究竟、本懐中の本懐、既に是れ、三大秘法の随一なり」の御文。

4．今日において総本山大石寺・奉安堂に御安置の御本尊は「本門戒壇の大御本尊」である。
これらを以て「本門戒壇の大御本尊」を日蓮正宗の根本義として真摯に信仰しなければなりません。

次に「唯授一人の血脈相承」については、日蓮大聖人の「身延相承書」、日興上人の「日興跡条々事」の如く、特に「本門戒壇の大御本尊」を、広宣流布の暁、乃至は末法万年まで代々の法主が相伝厳護し、一切衆生を成仏に資する為の最重要指南であると拝します。

ところが阿部日顕師は正信会僧侶を「唯授一人の血脈」を否定したとして擯斥処分にしました。我々は上記の如く日蓮正宗不変の教義として一度も否定したことはありません。ただ日達上人からの内付があったと主張する、昭和53年4月15日の総本山での状況をお伺いしただけなのです。また「私が相承を受けていなければ誰が受けたというのだ」との主張も乱暴である。

大聖人は「日蓮が慈悲広大ならば、南無妙法蓮華経は万年の外未来までもながるべし」と仰せである。また御本仏大聖人の御法魂は「本門戒壇の大御本尊」として現実に厳護されています。法主と謂えど自然人である以上病気にもなるし、日達上人の如く急逝、日恭上人の如く火災にも遇います。つまり現法主が次期法主を、選定や相承できない場合も当然あります。よって宗制宗規には「法主がやむを得ない事由により次期法主を選定することができないときは、総監、重役及び能化が協議して、第二項に準じて次期法主を選定する」（平成元年八月一日　発行）と定められています。どうして自然人の相承（授受）がなければ、本門戒壇の大御本尊も大聖人の御文も一切衆生の成仏も「無になる」のでしょうか。「阿部日顕師に相承がなければ日蓮正宗は終わりだ」と言い張るのは余りにも空しい。

法主の選定が非公開であったり、自己申告であったりでは争いが起こり、信用性が無くなるのは当然です。「仏法と申すは道理なり」とありますが、末法万年まで永続性、合理性、社会性がなければ広宣流布など到底できるものではありません。大聖人の仏法にウソをつかなければ守れない法門などけっして無いのであります。詐称を正当化するために正信の僧侶を擯斥にし、寺院を奪い、信徒を破門に陥れた罪業とはどれほど深いものなのでしょうか、日顕師と〝我と其の科を犯さざれども其の業を成就す〟の如く、その子孫等の罪報は如何ばかりでしょうか。法主とは日蓮大聖人に最も近い方が登座すべき位であるのに、権威や権力、地位や名誉を求めた一番遠い人が名乗りをあげた為に混乱・衰退の宗門となってしまったのです。御本尊様はお見通しなのです。これは全ての僧侶が真剣に考えなければならない問題なので、宗門側の僧侶とおおいに議論できることを願っております。

正信会御一同様の益々のご精進とご多幸をお祈り申し上げ、新年の辞と致します。

行善院移転新築落慶法要　議長講演

本門戒壇の大御本尊

平成28年3月6日　於所沢市

私は三重県の津の経住寺でご奉公をさせて頂いております、古川興道です。宜しくお願いいたします。

今日は行善院さんの移転新築落慶式が、盛大に執り行われまして心から御祝いを申し上げます。おめでとうございます。

先ほどの経過報告や祝辞を聞きますと、本当に一寺を建立することは大変なことで、でも苦労があればあるほどそこには功徳があります。大聖人様も皆様のご苦労をよくご存じのことと思います。

この菩提寺というのは孫と同じで余所の孫よりも自分の孫が一番可愛く思う様に、土地の広い立派なお寺もありますが、やっぱり自分の菩提寺が一番であります。その意味から私はこの菩提寺が皆様にとって日本一の菩提寺であると思います。本当におめでたいことです。

この行善院は、たしか昭和五十七年に世田谷の善福寺さん、すでに逝去されました原田知道師と調布の行法寺さん、本日祝辞を述べられた近藤済道師のお二人が力を合わせて、なんとかこの所沢の地に正信覚醒運動の基を作ろうと言う事で建立されました。それより松本格道師が主管となって皆様方と共にこの覚醒運動をがんばってこられました。だから特に格道師、それから菩提寺の御供養をされたけれど、今日までに逝去された方、この方達も「本当に有り難う」と喜んでおられると思います。皆様もそういう気持ちを継いで信心にがんばって頂きたいと思います。

この世の中には宗教がたくさんあります。その中の日蓮正宗を皆様方は選んだのです。どうですか？その当初のきっかけは、学会からだという方は手を上げてみて下さい。そうじゃない途中から法華講になった方？　あまりいないかな。学会からの方が多いようですね。何で日蓮正宗が良いと思ったのですか？学会の方の折伏がきっかけになったのでしょうか。「良い宗教だから一緒にやってみないか」と言われましたか？　その時に「大聖人様の三大秘法が有り難いから」と言うような教学的なことはあまりなかったと思います。大概は病気を治したい、家庭の円満とか、その様なことが主ではないでしょうか。最初から成仏が目標であったり、人間的完成を目指したいと言う人は少ないと思います。このことを日寛上人は妙楽大師の言葉を引用して、

「仮使、発心真実ならざる者も正境に縁すれば功徳猶多し」

と、発心が真実でないと言うのはそういう意味です。たとえそんな自分の願いでも、〝こうなりたい…〟

〝ああなりたい…〟〝病気を治したい…〟その様なことでも「正境」という、正しい境、境智冥合の境、境というのは手を合わせて拝む対象物のことで、御本尊のことであります。だから、正境というのは正しい御本尊ということです。たとえ、この信心の動機がそう言うものであっても功徳は多いという事です。だから皆様方は今日まで功徳をたくさん頂いたと思います。また、むしろ体験によって信心が強くなった方が多いと思います。教学が深まったから信心が強くなったと言うほうが少ないでしょう。病気が治ったという人生体験や経験のほうが信心は深まるし「この信心はやっぱり最高だ」と実感して思われるほうが多いのではないでしょうか。それが普通のことで、そういうことでたくさんの宗教がある中から日蓮正宗を選んだわけであります。

日蓮正宗は日蓮大聖人様の教えを根本にしており、日蓮大聖人様の教えというのは皆様が所持している御書にたくさんの有り難いことが書かれている。だけど一番の教えは、三大秘法という「本門の本尊」「本門の戒壇」「本門の題目」。この三大秘法が一番大事なんです。皆様方がお題目を唱えるとき、それを知ってても知らなくても良いんです。その三大秘法を大事にしているのは、私たち日蓮正宗と、それから身延・日蓮宗です。あそこも同じように御書を持ち三大秘法を主張しています。じゃあどちらでも良いのかというとそうではありません。日蓮正宗しかダメなのであります。なぜかというと三大秘法というのは私達の一念三千、つまり心の中にある全部と世の中の全部のことを、この三つに修めているわけで、その三つとも私達と身延とでは解釈が違うわけです。それはどこが違うかというと一番は本門の本尊なんです。本門の本尊を日蓮正宗では、人本尊を日蓮大聖人様、法本尊は文底下種の南無妙法蓮華経であります。ところが身延は、人本尊をお釈迦様にしています。それはダメで、お釈迦様は文上の法華経です。大聖人様は法華経の文の底に沈めておる南無妙法蓮華経を基にしてるわけです。日蓮大聖人様の教え、その教えをきちっと護っておるのは日蓮正宗だけなのであります。だから私たちは日蓮正宗の信仰をしているわけです。

日蓮正宗は昔から一信二行三学と言って、一番大事なのは「信」ということで信心が大事です。信心があれば次に「行」の修行です。〝お題目を唱えよう〟〝勤行をしよう〟〝折伏しよう〟という行。それから三番目に「学」である教学です。でもあまり教学なんて好きではないでしょう？　だからしてもしなくても良いのですが、だけどこの三つは順に廻っており、信心が強まれば修行も深まる。そして修行が深まれば今度は教学にも意欲がわいてきます。そうすればまた信心も強くなってくる。この様にグルグルと廻っていきます。だけど、第一に信だから、私達の心の中で大聖人様に命をかけて、つまり御本尊様に純粋な心でお題目をあげればそれで良いのであります。「三大秘法とはどういうものなのか？」とあまり深く知る必要はありません。信じることで良いのですから、それだったら誰でも成仏できるでしょう。そう思えば簡単です。ところがその簡単がなかなかうまくいかず、先ほど言いましたように、正境に縁をするということ。そして疑を持たずに信ずること。「私は信心しているが少しも功徳がない」というような疑を持つことはダメで、疑を持たないでこの信心に一生懸命に励む。これが信です。そしてお題目をあげたらそれで成仏できるのであります。

日蓮正宗は大聖人様が弘安二年の十月に……、皆様は弘安二年の熱原の法難を知っていますか？　熱原法難は熱原地方の農民がいろいろな迫害を受けた法難のことです。その農民の方達は大聖人様のお顔を見たことがありません。そのお顔も見たことない農民の方達が、日興上人や日秀・日弁という僧侶に指導を受けながら「一番は南無妙法蓮華経の信心ですよ」、「不自惜身命、命を惜しまないで法を護りなさい」、「命というのはどれだけ生きても百年ほどです。だけど三世の計算からすると何百年、何千年と続いていくものだから、もしその時に命が惜しくて念仏を唱えたら、それは大謗法です。その時に万が一、命をおとすようなことがあるかも知れないが、来世はその分だけ必ず幸せになる」と、ずっと指導を受けてきました。それを信じた熱原の農民達ですが、時の権力者である平頼綱に、神四郎・弥五郎・弥六郎の三人は斬首されてしまった。そういう前後の状況を、大聖人様は身延で報告を受け「あぁ、これは時がきたな」と感じられました。今までは一機一縁の御本尊と言い、あなたにはあなたの御本尊を、お寺が建てばお寺の御本尊をと、これが一機一縁の御本尊です。その機に対して縁があったから御本尊を授与しましょうと、ここの行善院の御本尊もそうです。皆様方の家庭の御本尊もそうです。それに対して一閻浮提総与と言って、信心している日本、東洋、世界の人達に授ける御本尊、それを本門戒壇の大御本尊というのですが、その御本尊を弘安二年の十月十二日に御図顕遊ばされたのです。これが日蓮正宗の命であり、根本です。これを忘れたならばどれほど信心してもダメです。

例えば、ここのお寺の電灯は電力会社から電気が送られてきて明かりがついているが、電気代を払わなければ電気が止められて照明はつきません。その基となっているのは発電所です。それが戒壇の大御本尊に譬えられます。本堂の照明器具を立派にしても発電所から電気が送られなければ灯りません。信心も同じで戒壇の大御本尊に通じる信心をして初めて功徳があります。先ほど挨拶でここの住職が〝御本尊を大きいのにしようか…、小さいままで…〟と言っておられましたが、全然関係ありません。どれだけ大きくても、どれだけ小さくても、紙幅であろうが板御本尊であろうが、問題はその御本尊様を通して皆様の信心が、戒壇の大御本尊様に繫がっているかどうかです。この電気は電線を伝って運ばれてきます。信心には電線がありません。何があるかというと「信」や「血脈」や「法水」です。第九世日有上人は「信と云ひ血脈と云ひ法水と云ふ事は同じ事なり」と言われております。だから皆様方が家庭の御本尊、お寺の御本尊を拝むとき、例えば紙幅の御本尊であろうと、板の御本尊であろうと、大きかろうが、小さかろうが同じで、そこにお題目をあげれば、そこに電線は見えないけれど、血脈である法の道があって発電所である戒壇の大御本尊の下へと届くのです。そしてそこで初めて功徳となります。だから先ほどの「仮使、発心真実ならざる者も正境に縁すれば功徳猶多し」と言われているのです。それが大事なんです。その基の御本尊様を大聖人様は弘安二年十月十二日に顕されました。これはもう御本尊として究竟の完成されたものです。

そして、その御本尊を大聖人様は御所持され、御入滅される前の九月に、次の人に譲らなくてはならないと、そこで戒壇の大御本尊を託されたのが日興上人であります。皆様の御書の最後の方に『身延相承書』というのがあります。その中に「日蓮一期の弘法、白蓮阿闍梨日興に之を付嘱す」とあり、「日蓮一期の弘法」というのは法体の相承も法門の相承もあるでしょうが、主に戒壇の大御本尊の法体相承です。だから大聖人様が「世界中の人々の為だから頼んだぞ」と日興上人に戒壇の大御本尊を託されたのです。だから

『身延相承書』とも言うし『一期弘法付嘱書』とも言われております。それを日興上人が「わかりました。私がしっかりと厳護していきます。」と受納された。

そして日興上人が次に託されたのが第三祖日目上人です。その時に日興上人が残された書き物が『日興跡条々事』であり、それには「日興が身に宛て給はるところの弘安二年の大御本尊は日目に之れを相伝す、本門寺に懸け奉るべし。」この様にお譲り状がちゃんと残されております。だから日興上人は次の日目上人へと、きちんと戒壇の大御本尊を授与されたのです。その様に代々の法主に承継され命懸けでお護りしてきました。

更に日蓮正宗では第九世日有上人と第二十六世日寛上人を中興の祖と仰いでいます。その中の日寛上人は、

「就中、弘安二年の本門戒壇の御本尊は、究竟中の究竟、本懐中の本懐なり。既に是れ三大秘法の随一なり」

と、この様に申されております。それは先ほど申し上げた弘安二年の本門戒壇の大御本尊のことです。この御本尊は「究竟中の究竟」、究め尽くしたということで、これ以上ない最上と言うことです。「本懐」と言うのは本心とか、本来の目的を遂げると言うことで、どちらも根本と言うことです。本門戒壇の大御本尊様は大聖人様のお命、根本だから。それも、先ほど申した「三大秘法随一」というのは「本門の本尊」「本門の戒壇」「本門の題目」の三つを含め一つにした、つまり一大秘法の御本尊であると念を押されたのであります。

現在は総本山大石寺の奉安堂に御安置されている。それならば私達は宗門に帰らなければならないと思うかもしれませんが、しかし今の宗門には大変悪いところがあって、それは法義を曲げたり嘘をつくと言うことです。今日は時間がありませんので一つだけ申し上げます。家庭内での少々の嘘程度ならばまだしも、大切なことをごまかすことは大悪です。大聖人、日興上人、日目上人、御歴代と、代々ちゃんと受け継がれてきた相承を、阿部日顕師という方は「私が相承を承けた」と自己申告し嘘をつきました。それを正信会の私達が「それはおかしいのではないですか？」、「いつどこで相承（選定）を承けたのですか？」と質問をすると腹を立てて、俺に逆らう、気に入らないと正信会僧侶を擯斥、つまりクビにしてしまいました。自分の嘘を見抜かれたからといって、真実を訴えているものをクビにするのは最低の行為であります。そしてその僧侶のお寺に所属している御信徒もすぐに破門にしてしまった。皆一生懸命信心をして成仏したいと願っているのに、それを自分の都合や嘘で簡単に処分することは許せないことです。だから今私達は私達で信心していくしかないのであります。私達が日蓮正宗から離れていったわけではなく、宗門は都合が悪くなって一方的に私達を追放したのです。大聖人様は全てお見通しでありますから、今後立派な僧侶が出現し猊下となり、それがいつの時代かは分かりませんが、必ず現れます。そして正信会僧俗を労い、誉めて下さるはずです。その時にこそ私達は本山へ帰るのです。それまでは、間違った宗門に私達が頭を下げて帰る必要はなく、今の正しい信心を続けるだけです。だから今、正しく信心出来ているのは私たち正信会だけです。

それから皆様方が入信するきっかけとなった創価学会でありますが、平成二十六年十一月に創価学会の会則の教義条項を変更し「本門戒壇の大御本尊を受持の対象にしない」と宣言しました。これはわかりやすく言うと戒壇の大御本尊を、もう拝まないということですから大変驚きました。さぞ学会員に混乱が生じるかと思いましたが、案外そうでもなかったところをみると、信心が全然わかっていないのではないでしょうか。皆様方がもしそういう事態に直面したならば直ちに立ち上がり、住職に詰め寄って下さい。これは先ほど言いました電気の話と同じで、いくら部屋の照明をきれいに磨いたとしても電灯はつきません。電気が来ないからです。だから大聖人様は『三沢抄』において「抑仏法をがくする者は大地微塵よりをほけれども、まことに仏になる人は爪上の土よりもすくなし」と仰せになり、信心をする人はたくさんいるのですが、本当に仏に成る人は「爪の上の土よりもすくなし」と仰せです。海に行き砂浜を歩くと砂がたくさんあります。だけど足の爪の上に乗る砂というのは砂浜にある砂と比べたらまったく少ないです。成仏する人はその爪の上の砂よりもさらに少ないということです。それだけ仏に成ることは難しいというわけです。

戒壇の大御本尊を信じてお題目をあげるだけと思うかも知れませんが、それがなかなかできないのであります。創価学会もそうですが、残念なことに私達と長い間、覚醒運動をやってきた法人派と言われる人達が、戒壇の大御本尊に疑義を呈しています。信の根本に疑を持ち始めては信にはなりません。一に信心なのですから、一信二行三学です。信よりも教学を研究して信がおかしくなるくらいなら、教学をしない方がましです。ここ四、五年彼らとは別行動をとってきましたが、もうはっきりと別団体であると認識しなければなりません。残念です。

最後になりますが、せっかく皆様方の大事な孫ともいえる新行善院が建立されたのですから、大事にしていただきたい。そして菩提寺が完成したからと言って今日が終わりではありません。本で言えば二頁目の始めです。一頁目は前のお寺です。今日からは二頁目の始まりです。そしてここは皆様方が幸せになるための道場です。成仏できる道場です。更に現在の皆様だけでなくして、これからの子や孫、将来のことを考え、ずっと続いていけるよう、今、自分たちが出来ることをやっていただきたいと思います。御住職と共にこの菩提寺を可愛がって発展させて下さい。このことをお願い申し上げて私の講演とさせて頂きます。

ご静聴ありがとうございました。

第39回　日蓮正宗正信会・法華講全国大会

活動方針の徹底

平成28年5月22日　於明石市民会館

皆さん、こんにちは。

第39回日蓮正宗正信会法華講全国大会が各地より信心あつき方々のご参集を得て、ここ明石で盛大に開催されまして、誠におめでとうございます。

約一ヶ月ほど前に、九州熊本で大変な地震が起き大きな被害が出ました。心よりお見舞い申し上げます。いまだに余震が１５００回以上続いているそうです。

熊本には４ヶ寺、お隣の竹田にも１ヶ寺の正信会寺院がございます。仏具が壊れ、壁にヒビが入るなど大変だったそうです。ご信徒に亡くなった方はおりませんが、家を失ったり怪我をしたり、いまだに避難所で生活されている方もいるようです。そこで正信会として義援金を募ることを決定しました。どうぞ皆さんご協力をお願いします。

そのような中で今日、九州よりご参加の方々がおります。九州からご参加の皆さん手を挙げて下さい。会場の皆さん、激励の拍手をお願いします。頑張って下さいね。（拍手）

さて、今大会を立派に開催して頂いた、兵庫教区の僧侶並びにご信徒の皆様、ありがとうございました。兵庫教区の皆さん手を挙げて下さい。会場の皆さん　感謝の拍手をお願いします。（拍手）

昨年、名古屋の大会で「来年は兵庫で開催します」と申しました。予定では西宮市の堅持院で代表者会議のような、ご信徒の皆様とヒザをつき合わせて、いろいろな質問に答える形式を考えていました。

ところが長年、正信会のためにご尽力いただいた渡邉廣済ご尊師が6月13日に急逝され、堅持院を本山に明け渡したために、開催出来なくなりました。そこで急遽、会場探しを始めたのですが、大きな会場は1年前からの予約で、ひと月以上遅れた会場探しは、どこも予約が一杯。ようやくここが空いていたのです。これは御本尊様が守ってくれたのだと思います。

さて、堅持院さんのことを少々申し上げます。堅持院さんは覚醒運動の初めから、創価学会の誤りや宗門の是正に立ち上がり、正信覚醒運動を牽引された方です。正信会の統一見解を発表し、覚醒運動はあくまでも本門戒壇の大御本尊を信仰の根本とし、英邁な御法主が出現されて覚醒運動が認められ本山に帰るまで頑張ろう、と激励されました。

私達もその考えに同調して今日まで、初志貫徹し頑張ってきたことは、ご存知の通りであります。

せっかく兵庫県で大会を開き、6月13日で1周忌になりますから、ここでお題目を三唱し、堅持院さんのご高徳を称えたいと思いますが、ご賛同を願えますでしょうか？（拍手）

それではご起立し、お念珠をかけて私と一緒に題目三唱して下さい。2回唱えます。1回目と2回目の唱題の間に、「妙海阿闍梨廣済房日利大徳、第一周忌・増道損生・仏果菩提也」と観念します。憶えられない方は「堅持院さん一周忌、ありがとうございました」と心の中で念じて下さい。それでは、南無妙法蓮華経……南無妙法蓮華経。ありがとうございました。

さて、長い間私達と共に正信覚醒運動を推進してきた法人派（宗教法人正信会）の方達ですが、もう4、5年になりますか、私達とは別行動を取るようになりました。全国大会も別、継命新聞も取らなくなり、新しい新聞を発行しています。

そこでだんだん分かってきたのは、信仰の根本が違うということです。つまり私達はあくまでも弘安二年十月十二日ご図顕の、本門戒壇の大御本尊を根本に信仰していますが、法人派の方達は戒壇の御本尊に疑問を持っているようですし、もう総本山大石寺に帰る気持ちもないようであります。

先月、裁判所から（金銭問題もあり裁判になっていました）和解勧告がでまして、お互い承認しました。

その和解案の要旨とは、

（1）私たちと法人派は別個の団体であることを確認する

（2）財産は私たち正信会が3分の2、法人派は3分の1、つまり2対1で分配する

こういうことになりました。私たちが目指した「理想的な和解」でした。

皆さんには本当に長い間ご心配・ご迷惑をおかけいたしましたけど、これで今後の覚醒運動に集中することが出来る様になりました。別れることは本当に残念ですが、一面すっきりした報告が出来ました。これも御本尊様のお陰です。

私達が信仰している一番の理由は、日蓮大聖人様の教えがすばらしいからであり、そのすばらしい教えすべてを凝縮しているのが御本尊です。その御本尊の根本は「本門戒壇の大御本尊」です。つまり世界一ありがたい御本尊です。

二十六世日寛上人は『六巻抄』の「文底秘沈抄」に妙楽大師の言葉を引用し「たとえ、発心真実ならざる者も正境に縁すれば功徳猶多し」と、更に「若し正境にあらずんば偽妄なけれども種とはならず」とご指南されています。

つまり「信心する動機が成仏とか人格完成というようなものではなく、病気を治したい、幸せな家庭を築きたい、ああなりたい、こうなりたいということで信心を始めた人でも、正しい御本尊を拝めば功徳は大きいし、願いは叶いますよ。しかし、拝む御本尊が間違っておれば、いくら真剣に修行しても成仏できませんよ」ということです。

創価学会も法人派も本門戒壇の大御本尊を否定したり、疑義を呈しております。つまり「世界一ありがたい御本尊」を信心しないのですから、もう私達とは別です。誠に残念です。

また宗門も、戒壇の大御本尊は御宝蔵に秘蔵しておかねばならないのに、「直拝しなければ成仏できない」などと、御本尊を見せ物のように、また経営的に利用しています。こんなことでは大罰を受けることは当然であります。

これは昨年の大会の折にも申しあげましたが、大聖人様は「三沢抄」に「仏法をがくする者は大地微塵よりをほけれども、まことに仏になる人は爪上の土よりもすくなし」（全1487頁）と仰せです。

いよいよ正信会の我々が「爪の上の土」になってきました。どうか皆さん爪の上から落ちないようにして下さいよ。「我等こそ富士の本流」の自信をもって、信心に覚醒運動に精進していきましょう。

さて、正信会の活動方針が新しくなったのは憶えていますか、何でした？
一、正信の継承こそ我等が使命
二、法燈相続は寺院参詣から
これについては、継命新聞正月号の議長挨拶に少々書きましたが、皆さん方の寺院での取り組みはどうですか。物事を達成する姿勢や、組織を運営する上で、ひとつ参考にしていただきたいのが次の言葉です。
（1）真剣だと、知恵がわく
（2）中途半端やいい加減だと、愚痴やいい訳ばかり
皆さん、思い当たることがあるでしょう。真剣に立ち向かうなら、必ず知恵がわいて来ます。わいてこない方はお題目をあげて下さい「以信代慧」です。そのつもりで覚醒運動や、活動方針に立ち向かって頂くことをお願いします。

最後になりますが、来年の第40回全国大会は東日本の南三陸、あの東日本大震災の折、防災センターで結婚間近の女性職員が最後まで住民にマイクで避難誘導した、あの地です。現在、会場予定のホテルと交

渉中ですが、来年5月21日に開催の予定です。はっきり決まりましたら、また継命新聞に発表しますので、よろしくお願いします。

あの大地震当時、正信会の僧俗から5千万円前後の義援金が集まり、亡くなられた方にはお悔やみを、家屋損傷や怪我をされた方にはお見舞いを、そして被害を受けた正信会寺院にも修繕費を支援しました。そして一般社会には日本赤十字社や、「あしなが育英会」と申しまして、親を亡くした子供さん達の教育費として、5百万円ほど寄付しました。皆さんには改めてお礼を申し上げます。

それ以来、特別には何もしていませんが、3月11日前後の御講には必ず、物故者の回向をしてきました。そこで正信会はかねがね、なんとか7回忌には現地で大会を開催し、その中で追善法要を行いたいと考えてきました。そういう意味もありますので、よし参加してやろうという方はよろしくお願いします。

以上、長々と申し上げましたが議長あいさつといたします。ありがとうございました。

平成28年度　学林研修会　議長訓話

法人派の誤り

平成28年6月28日～29日　於琵琶レイクオーツカ

皆さん、こんにちは。平成二十八年度・第九回日蓮正宗正信会・学林研修会にご多忙の中、ご参加いただきまして、学林生・聴講生共々、大変ご苦労さまでございます。

また、学林を行うにあたり、教学部長・卜部乗道御尊師はじめ、藤川信澄御尊師、担当の方々、さらには講師をお勤めいただく諸師には、本当に有り難うございます。正信会を代表いたしまして、厚く御礼を申し上げます。

皆様には一泊二日という、みじかい時間ではございますが、しっかり講義を受けて、僧道の資糧にしていただきたいと思います。

今日、この学林に来る電車の中で、法人側の機関誌「妙風」七月号を読みました。何故正信会と法人側が、別れたり裁判をするようになったのか、それを一番知らさなければならないのは、御信者さんであります。それがなにも書かれていません。

四月二十一日に、裁判の和解が成立しました。五月二十二日には、正信会も法人側も全国大会を開催しましたけれども、その後の、あちらの新聞を見ても、裁判の件や、なぜ別れたか、特に本門戒壇の大御本尊についての見解は説明されておりません。また、東海正信連合会というのが六月中旬に開催され、五時間のカリキュラムがあったようですけど、どの僧侶もそれらの理由については、説明されておりません。御信者さんに対して不誠実だなと思いました。

そこで、僧道、僧侶の道というのは、どういうことなんだと考えますと、私は、以前から「上求菩提、下化衆生」、上に向かっては菩提、真理を求める、下に向かっては衆生を教化する。衆生というのは、御信者さんも一般の方も含めてです。一般の方に対しては、日蓮大聖人の教えを布教する、御信者さんに対しては正しい信心のあり方を教える、その両方が僧道だと思います。

ところが、自分の思いの、上求菩提を求めるだけでは、それは違うと思います。僧侶であれば衆生や、御信者さんをいかに成仏に導くかということが、坊さんの使命だと思っています。その部分が蔑ろという か、うやむやというか、それでは何のために坊さんになったの？ という気がするのです。この覚醒運動を始める時点から、つまり創価学会の過ちを糺す時から、せっかく信心をしたんだから、学会員さんに成仏して欲しいと。成仏というと、抽象的でわかりにくいかもしれないけれども、崩れない幸せとか、有意義な人生とか、現当二世にわたっての幸せとか、それが一番だと思います。だから御信者さんも願って、一生懸命信心をしているんです。

そのあたりのところを、皆様方がしっかり頭に入れ、そして、信徒の指導をしていかなければならない。特に拝んでいる御本尊の件で、いろいろ意見が出てきた場合には、「戒壇の御本尊ですよ、これしかないんですよ」、「日蓮正宗というのはこういう宗派なんですよ」と、そこをはっきり言わないと。

今法人側では、先ほど教学部長が仰ったように、戒壇の大御本尊について疑義を呈しております。信心の根本に疑いを持ったんでは、それは信心をやめるしかないです。疑って信心をしている人がいますか？確信を持って皆信心をしているんです。それを皆様方もしっかりと、受け止めなければいけない。そして、正しい信心の道につけてあげる。「どうなんかな、うちの御本尊は、御本尊の外に法体があるのかな?」、そんなあやふやなことではだめです。実体の御本尊の中に、法体は具わっているんです。だから新寺院や、入信の方の御本尊様に、入仏式をやるんです。魂を入れるんです。入れたらその御本尊が紙幅でも、板であっても法体を同時に具えているんです。だからお題目を唱え、勤行をすると、仏力、法力があり、また更に信力、行力に力が入るんです。そんな大事なところを、あやふやに説明するということは、御信者さんに失礼ですよ。

伝教大師の言葉に、「道心の中に衣食あり、衣食の中に道心なし」という教えがあります。「こういうことを言ったら、御信者さんが離れていくだろう」、そんなことを考えていたんでは、「衣食の中に道心あり」になってしまいます。そんなのは坊さんの最低です。「道心の中に衣食あり」、御信者さんを教化していくという中に衣食がついていくる、そういうことをしっかりと、肝に銘じていかねばなりません。これは日蓮正宗の伝統なんです。針金宗といわれた、そのくらい教義に硬い宗派である。

それから、上杉鷹山という方をご存知ですか。有名な言葉があります。「為せば成る、為さねば成らぬ、何事も、成らぬは人の、為さぬなりけり」。一生懸命目標に向かって頑張れば、必ず叶う、叶わないのは自分が何もしないからだ。皆さん方は如何ですか？　上杉鷹山という方は、今の山形県米沢の藩主をされました。米沢藩というのは昔から贅沢癖がついており、今のギリシャの国のように、余分な公務員がたくさんいて、その人達に給料を払わなければならない。そんな無駄なことをしているうちに、その当時で二十万両、今のお金にすると百五十億から二百億くらいの負債が出来た。これ以上になると藩を幕府に還さないといけない、そういう時に、上杉鷹山が第九代の藩主となって、それまでのあり方を改めて、三つのことをした。一つは倹約。借金があるから、一つひとつ倹約していく。その例としては、一般の人は木綿、藩主になると絹の着物を着ていたんだけれども、藩主も木綿にして贅沢しないとした。つまり藩全体が贅沢しないというのが一つ。もう一つは、自給自足です。家の周りの垣根をウコギにした。ウコギは若葉を食用にでき、飢饉にも備えたらしい。また鯉を飼って、食料にしたり販売をした。それから、三つ目は人材育成です。改革をするのに適材適所に人物を用い、また学校を作り勉強をさせた。私が言いたいのは、この人材育成です。

皆様方はこれからの正信会を、背負って立つ人達です。我々年寄りは、あと十年二十年もすればいなくなる。だから皆様がやらなければならない、先輩がいなくなるまでに、人材として育って欲しい。それには、自坊での修行はもちろんですが、学林や教師講習会もありましょう。また正信会には各部があって、担当があっていろんな仕事をしています。それを積極的にやってもらいたい。その中で訓練し、成長していただきたい。

それと、今皆様は社会と付き合っていますか。信者さんとお寺だけではないですか。公民館にいって勉強するとか、自治会で何かをするとか、スポーツで友達を作るとか、どうですか、やってないかな？　なるべくそういう社会とも接し、自分がどの程度のものか、また世間の方々の気持ちも、知っておかなければなりません。お坊さん対信者さんだけでは世の中がわからない、ものごとの考え方が偏ってしまう。いろいろな経験を積んで、それを正信会の様々な立場についた時に、ご信者さんにも、若手や後輩にも、きちんと指導ができるように、自分を成長させていただきたい。

僧道というのは自分の為でもあるし、御信徒や一般の方々を導くということでもある。正信会の人材として育っていくのには、いろいろなことに積極的に顔を出していく、偏らないで自分の心を調和させていって欲しい。これらのことをお願いして、議長の訓話といたします。

夕食の後には座談会もありますから、皆様と忌憚のない意見を交わしたいと思っております。本日は、ご苦労様でございます。

議長訓話

継命新聞　平成29年1月1日号

自らが範となって

立宗七百六十五年の新春を迎え、謹んでお祝い申し上げます。

全国正信会法華講の皆様、海外法華講の皆様、継命新聞読者の皆様、おめでとうございます。

本年が信心倍増・無事安穏な年でありますようお祈りいたします。

大聖人は「開目抄」に、

「過去の因を知らんと欲せば其の現在の果を見よ、未来の果を知らんと欲せば其の現在の因を見よ」（心地観経）

の経文を引かれ、因果の理法を示されています。

世界、日本、地域を見渡せば、人々は千差万別の生活をしています。苦労する人も、幸せな人も、平らかな人も、みな経文通りの理由がそこにあります。他人の事は知らずとも、自分自身を振り返れば、ある程度は頷けます。

しかし、現世のことならまだしも、過去世のこととなると分かりません。よって「過去の因縁を知りたいなら、現在の自分を見なさい」とのご指南でありましょう。

これから先も、来世も、また再来世も同じように万差の姿があるのです。

そこで「未来の果」を思うときに、「現在の因」としての、信仰のあり方は大変に重要です。

他宗は兎も角、創価学会や法人派は、日蓮大聖人の魂であり、宗派の根本である「本門戒壇の大御本尊」を、数年前から否定しています。

それを否定しておきながら、今まで通り会館や寺院、家庭に安置された御本尊を拝んでいます。

それらの御本尊には、書写をされたご法主が、「奉書写之」(之れを書写し奉る)と、認められております。

その意味は、「本門戒壇の大御本尊をお写し奉った」ということですから、大御本尊と書写された御本尊は一体であるのです。その根本を否定しておきながら、今まで通りの信心では矛盾も甚だしい限りで、法水も血脈も流れません。

しかもその大事を会員や信徒には説明をしておらず、未来の悪果を思うとき、会員や信徒も「知りませんでした」では済まされません。

次に、宗門寺院や信徒は、いまだに阿部日顕師書写の本尊を拝んでおります。阿部師は日達上人から法主の選定を受けていないのに受けたとウソをつき、猊座を盗んだ明らかな偽法主なのであります。偽法主が書写した本尊は、あくまでも偽本尊であります。それを許すなら、御本尊は誰が書写してもよいことになります。そんな本尊を拝んで功力のあるはずがありません。

例えばニセ札はどんなに精巧に作っても偽物です。使用出来ない上に、もし使えば処罰をされます。同じように、偽本尊崇拝の罪障は必ず未来の悪果となりましょう。

よって一日も早く正当なご法主が書写された御本尊を奉掲安置し、信心することを勧めます。

我々正信会は宗開両祖のご法門をしっかりお護りし、宗門の覚醒を成就しようと精進しております。不軽品の「其罪畢已」（其の罪を畢え已って）の如く、今世で罪障消滅を果たして仏果を成じ、未来の善果を得ることは間違いありません。

よって日蓮正宗を大事に思い、正しく信仰しているのは正信会だけなのであります。ありがたいことです。

◇　◇　◇

さて、本年は福島県須賀川市・願成寺の吉田淳明師（師匠＝吉田良道師）と、大分県竹田市・伝法寺の浜中和興師（師匠＝浜中和道師）が三世の大願である新説免許・教師補任式を迎え、４月９日に伝法寺で一緒に執り行われる予定であります。所属寺院のご信徒はもちろん、東北、九州地方の皆さん、そして正信会にとっても大きな喜びとなります。

また、本年の正信会活動方針は、
「一、正信の継承こそ我等が使命」
「一、法燈相続は寺院参詣から」
で2年目になります。

昨年の継命新聞には、各寺院が積極的にその方針を実行しようと、子供会や青年部会、勉強会や唱題会、座談会や各種研修を開催し、精進している姿が掲載されていました。まことに結構なことだと思います。

最初から完璧な形を求めるというのではなく、参加者がたとえ2〜3人でも、それでいいと思います。特に子供たちは中学生や高校生になると、部活や友達付き合いで参加しにくい状況になります。

しかし住職と一緒に過ごした経験は一生忘れないもので、これが後々大きな力となるのです。一番いけないのは何もしないことです。

江戸時代の武将・上杉鷹山は、「為せば成る、為さねば成らぬ何事も、成らぬは人の為さぬなりけり」と堅い決意をもって米沢藩（山形県）を改革しました。住職も法華講も参考にしましょう。

最後になりますが、今年の第40回正信会法華講全国大会は東日本大震災から丸6年で、内容の一部に被災物故者の七回忌法要を計画し、5月21日に宮城県南三陸町で開催をします。

実行委員の方も、皆様を迎えるためにしっかりと準備していますので、正信の誇りをもって元気にご参加下さい。

正信会報　159号　平成29年正月号

巻頭言　事象と心象

正信会々員の皆様に謹んで年頭の御挨拶を申し上げます。

新年おめでとうございます。

現在に於いて「本門戒壇の大御本尊」を信仰の根本としているのは正信会、宗門、顕正会（顕正会の問題は改めて議論しなければならない）であります。創価学会は平成26年に大御本尊を受持の対象とはしないとして日蓮正宗から離れていきました。会員の成仏を思うと誠に残念であり、善導出来なかった宗門無能の責任は重大であると考えます。法人派も数年前から大石寺奉安堂に安置されている大御本尊に疑義をとなえ、日蓮正宗へは戻らないといっています。なぜ、こんなことになってしまったのか、少し考えてみたいと思います。

二つのものの関係が表と裏のように密接で切り離せないことを表裏一体といいます。それと同じように大聖人の仏法も、事象と心象とに分けて考えてみました。事象とは「表面に現れた事柄、現実の出来事」。心象とは「心の中に描きだされる姿・形」。これらはどちらか一方を断定し、どちらか一方を否定するものではありません。つまり事象が表なら、心象は裏、心象が表なら事象は裏という考え方です。ただし、表裏の後先を誤ると問題になる。どうもこの混乱が法門を不安定にしているように思うのであります。

大聖人の御書を拝すると、ある時は心の大事を言い、ある時は事実の大切なことを御指南されている。これらは結局、対告衆のその折々の信心状況に応じてのことで、一方的に断定することではありません。ところで『白米一俵御書』の「爾前の経経の心は、心のすむは月のごとし・心のきよきは花のごとし、法華経はしからず・月こそ心よ・花こそ心よと申す法門なり」と、爾前経と法華経を対比され、爾前経は心と物（月・花）が別体であり、法華経は物と心が一体の法門であるとの御指南である。さらにその物は、事象として表に現れ、心象は裏に隠れるとも言えるのです。

通仏教を見れば、正像時代は本已有善の利根の衆生で、理体を観じて成仏を遂げる能力があり、物心が別々でもよく、摩訶止観に説かれる「内鑑冷然・外適時宜」の言葉もその表れか。末法に於いては本未有善の鈍根の衆生であるので、どうしても法華経の物心一体・円融円満の法門でなければ成仏出来ないことになります。大聖人は法華経の意を継ぎ、末法の時機を鑑み、示同凡夫のお振る舞いをなされたのですから、事象を表に心象を裏とした御指南を主流と考えるべきです。「大難四ヶ度小難数知れず」の忍難弘通の御一生を事象の表とし、久遠元初の本仏を心象の裏と拝し奉る。また御書には「一切は現証に如かず」、「道理・証文よりも現証には過ぎず」とあります。ご異論の方は後日のご教導を願いたいと思います。

さて、法人派の方達が「板御本尊はいずれ朽ちるのであるから固執しない」、また「物体の外に永遠不滅の法がある」という。これらの主張は爾前経の物心別体の考えか、または心象（法）を表に、事象（板御本尊）を裏にするような考えなのです。先ほど記したように法華経の物心一体、または大聖人の事象を表に心象を裏とする、つまりは「板御本尊そのものが実法である」と拝さなければならない。「日蓮がたましひをすみにそめながして・かきて候ぞ」とは、「日蓮がたましい」は心象で裏、「すみにそめながして・かきて候ぞ」は事象で表である。当然大石寺・奉安堂に御安置の「本門戒壇の大御本尊」はそのまま「三大秘法総在の御本尊」である。物体の外に永遠不滅の法がある、などというのは法門を誤り、表裏を間違い、時機を弁えない考えではないでしょうか。

また、「形有るものはいずれ消滅す」は当然のことである。「本門戒壇の大御本尊」であっても無常は免れるものではありません。宗門側が主張する「戒壇の御本尊はなにがあっても無くならない」では道理が通らないし、それは心象（法）を表にした考えです。これから先の未来に於いて、諸天の加護を祈りつつ大御本尊に有ってはならない万が一や、無常の道理を肯定するなら、その時には選定を受けた当代の御法主が日蓮大聖人と不二の尊体（不二の尊体を曲解し権威を振り回すなどは堕獄の沙汰である）となって大御本尊を顕されるということになるのではないでしょうか。もし上代の過去に於いて、そのような状況があったとしても同じことです。その大御本尊を、「弘安二年十月十二日・日蓮大聖人御図顕の本門戒壇の大御本尊」であると、拝し奉り信仰しなければと思います。

以前（昭和30年頃か）、五十九世の堀日亨上人のインタビュー記事が「大白蓮華」に掲載され、「その時は時の法主が認めればよい（大意）」とあったと記憶しておりますが全文をご存知の方は教えて頂きたいと思います。また一歩立ち入ったような記述なので諸師のご意見も賜りたく存じます。

最後に、日蓮正宗の伝統化義は「本門戒壇の大御本尊」を広宣流布の暁まで御宝蔵に秘蔵厳護し、信仰者は渇仰恋慕の心で遙拝す。時至れば富士山に本門寺を建立して大御本尊を奉掲し、一閻浮提の人々は懺悔滅罪の対境として直拝する。たまの御開扉は良しとしても、今日のように営利目的化し、直拝しなければ成仏できないなどは、化義を誤り、宗史に背くのであるから、早急に伝統化義の信心を取りもどすべきである。更に偽法主・阿部日顕師を弾劾し、宗門総懺悔する以外に、再生・発展の道はない。すべては御本尊様がお見通しであることを肝に銘じ、未来の悪果を招かぬことである。

よって日蓮正宗の伝統法門をお護りしているのは、正信会のみであります。

正信会御一同様の益々のご精進とご多幸をお祈り申し上げ、新年の辞と致します。

正副議長鼎談　継命新聞　平成29年4月1日号

五年間を振り返って

平成29年3月22日　於島嶼会館

司会＝　はじめに、新しく議長になられます田村竜道師より、ご挨拶をお願いします。

田村＝　前任の古川議長が5年間にわたり全力で会内の混乱収拾にあたられ、ようやく落着した後を受けて、私が正信会議長の大任をお受けしました。私の役目は、本来の正信覚醒運動を再び促進させることであります。どうぞ正信会の皆さまにはご協力のほど、お願い申し上げます。

正信会の原点と役割

司会＝　新体制の船出となりますが、正信会の原点とはなんでしょうか、順番にお話し願います。

田村＝　正信会の原点は護法にあります。日蓮正宗の教えと信心を護るための団体であり運動です。社会的な存在意義・役割をいえば、社会の木鐸をめざし、宗祖が仰せられたように「心の財」を求める信心に精進することだと思っています。

中谷＝　ここ数年続いた会内の混乱も、この原点を見失ったことが原因ではないですか。正信会の事務所・拠点作りの話に、有志の会（後の法人派）で横浜・旧妙法院の取得を提案してきました。しかし一部教区で、教区委員と教区全体の意見が対立したまま、委員会で一部委員が誘導する現象が起きました。

そこで平成23年に古川興道師や秋田舟済師、田村竜道師などが委員会に出て会合が引き締まりました。それらの方を中心に議論を煮詰めたことが、今の正信会の原点といえます。

古川＝　正信会と覚醒運動の原点は、本宗信仰の根本である戒壇の大御本尊を厳護し、信徒の成仏を願うこと、護法とは日蓮正宗の法義を護ることです。それは本山の言いなりになることではなく、むしろ法に照らして本山の非を正すこと、その実義を示さなければいけません。貫首本仏や誤った血脈観を正すことは護法であり、覚醒運動は日蓮正宗の破壊ではなく護ることなんです。

5年間をふり返り

司会＝　この5年間で古川議長が特に印象に残ったこと、またやり残したことなどがあればお話し下さい。

古川＝　平成23年10月に突然、岡田議長が辞任した後で各教区委員の支援もあり、私が委員会のまとめ役をさせていただきました。それと、正信会機関紙の継命新聞を継続発刊できたことが委員会の安定と、ご信徒の信頼を保持できた原因だと思います。

また法華講全国大会は覚醒運動の足並みを揃えて邁進するため欠かせぬ行事です。我等こそ富士の本流という意識も強く、就任当時は決してこれを途絶えさせてはならないと、強い思いで臨みました。その結果、5度の大会はみな満足できる全国大会だったと自負しています。

また法人派との裁判は、裁判所の和解勧告に従い、双方が了承しました。その骨子は、

（1）それぞれ別個の宗教団体である

（2）財産については正信会が2、法人派が1の割合で分配する

裁判は世俗の問題ですが、ある意味勝訴以上の結果が得られ、これで煩わしいことも解消されました。

それからやり残したことは、若い僧侶たちの布教について当初、布教部・教学部で取り組んで欲しかったのですが、裁判やら何やらで時間と労力が取られ体制作りの出来なかったことが、心残りと言えばいえます。

法人設立の経過と戒壇本尊について

司会＝　会内混乱の原因でもある法人設立の経過と戒壇本尊問題についてお話し下さい。

中谷＝　法人設立の経過については、今回の法人派との分裂の一因になったことは事実ですが、紙面に掲載するには短文では説明不足となり、誤解を与えてもいけませんので、関心のある方は次の2書をご住職

にお借りしてご一読下さい。
（1）『検証・包括法人をめぐる軌跡』（平成23年。北近畿教区・正響編集室）
（2）『正信会報』（平成29年正月号。包括法人をめぐる軌跡・検証インタビュー）
古川＝　分裂前後に法人派（その当時は有志の会）は、私たちとは教義が違うと言いました。当初その意味が不明でしたが、法人派の機関紙「妙風」や「れんげ」で私たちを批判する文章を読み、その理由がわかりました。私たちは熱原法難を機縁に戒壇本尊が建立されたと理解しますが、彼らは熱原法難そのものが大聖人出世の本懐だと主張します。その理由は板曼荼羅は大聖人の御真筆ではないという身延派などの批判と同じです。つまり板曼荼羅と結びつけたくないから、戒壇の本尊を大聖人出世の本懐ではないと否定するのです。さらに、二座の観念文から「戒壇の」という3文字を削除して新勤行要典を作るようです。まったく創価学会と同じです。
田村＝　大聖人の仏法は本門の本尊・本門の戒壇・本門の題目、すなわち三大秘法が根幹です。これについて、法人派は「題目は建長五年四月二十八日、清澄寺において昇り来る朝日に向かって初めて唱え出され、本尊は佐渡において初めてご図顕（佐渡始顕本尊？）され、残る戒壇は、熱原法難において、入信間もない人々が、命懸けで法華経を受持し通そうとした。これこそ本門戒壇の成就である」と、彼らの機関紙・妙風に述べていますが、これでは三秘がバラバラじゃないですか。大石寺26世・日寛上人が「三秘は須臾も離れず」と仰せのように、「三秘相即」・「円融三諦」は仏家の軌則です。だから戒壇の本尊を三秘総在の本尊と拝し奉るのではないのですか。各別ではやはりおかしいでしょう。

しかも彼らは私たちを板曼荼羅に固執する唯物的偶像崇拝者などと非難しますが、御本尊を信じられないで、どうやって成仏を遂げるのですか。まさか座禅を組んで悟るなどとは言わないでしょうけれども、それじゃなんでお寺や信徒宅に安置された曼荼羅本尊に手を合わせ唱題しているのでしょうか。私たちを偶像崇拝者と批判するのならば、その前に自坊の御本尊を取り払ってから言うべきではないのですか。

仏教学者の奈良康明氏が、「宗教的真実とは言葉による表現を超えている」と述べています。つまり仏の悟りとか宗祖のご内証などと言いますが、言葉の表現を超えている真実であって、凡夫の智恵で認識することなどできないのです。だから本尊が大事なのです。

日寛上人は「文字を借りて真実を表された」のが本尊であると仰せです。その本尊を信ずる信力によって、凡夫の我々でも成仏を遂げることができるのです。御本尊を平気で物体呼ばわりする彼らは、すでに日蓮正宗の僧俗と言えないことが明らかです。

中谷＝　昔から三大秘法を「戒壇の本尊の題目」と表現するように、本尊だけを離し、題目だけを別に論じてはいけないんです。そして熱原法難を機縁として戒壇の本尊が建立されたと伝承されるのに、板曼荼羅は偽物というような勝手な解釈はいけません。熱原法難は宗祖の教えを百姓衆が行じたことで、大聖人ご自身の本懐も成就されます。その証に戒壇本尊を顕し、師弟共に未来への布教継承・妙法の伝授が成就したのです。

古川＝　日蓮正宗の宗旨の根本は熱原法難を機縁とした弘安二年の戒壇大御本尊と、二箇相承に象徴されるように日興上人への血脈相承です。これに疑義を唱えることは七百年の歴史の否定で、日蓮正宗の僧侶とは言えません、外へ出て主張すべきです。

それと法人派は板曼荼羅と魂魄を別物のように言いますが、では彼らは入仏式とか開眼供養って何のためにやっているんですか、そこに魂を入れるための入仏式や開眼供養じゃないんですか？　お題目を唱えて魂を入れたら、それはもうただの板じゃないでしょう、どうしてそれを否定するんですか。それとも入仏式をしても板や紙には魂が無くて、魂はどこか別のところにあるとでも言うのですか。

田村＝　大聖人は「日蓮が魂を墨に染め流して書きて候ぞ信じさせ給え」と仰せです。目には見えない大聖人の魂を、文字をもって書き顕わされたのですから、それを本尊と拝し大聖人の魂と信じるのは当然ではないでしょうか。

中谷＝　日達上人は入仏式で「総本山の戒壇大御本尊様のお写しの御本尊様を安置し奉り、皆さまの信心の道場としたのでございますから、お寺に参詣した時は心を一にして、いささかの疑念もなくただ一心に南無妙法蓮華経と信心されることをお願いいたします」と言われ、寺院参詣の心構えをお示しです。

田村＝　ご信者を指導する立場の僧侶が、ご信者を迷わすようなことを言ってどうしますか。まあ私たちとは教義が違うと主張する別団体ならば、あまり立ち入ったことを言う必要もありませんが、よく分からずに付いているご信者さんもいるでしょうから、その辺はハッキリと言って納得してもらわないといけませんね。

信仰・社会両面における正信会のあり方

司会＝　正信会のあり方を、信仰・社会両面からお話し下さい。

古川＝　立派な指導者がいる組織なら統合体もいいですが、一般的には連合体が安全で、正信会にはゆるやかな連合体があっていると思います。信仰面では住職がご信徒の成仏を第一に考えて教化育成して欲しい。社会面では布教講演会をどんどん開き、お寺に籠もらず自治体主催の趣味や運動、ボランテイアなどへの積極的参加で社会性をもつことです。

田村＝　正信会のあり方とは、つまるところ僧侶の原点でもあり、それは信徒・一切衆生の成仏を願うことに尽きます。それには戒壇本尊が当宗の信仰の原点なので、それを信ずることが日蓮正宗の宗旨で、今までもこれからも正信会の信仰の基本的あり方です。

第40回大会について

司会＝　今年の全国大会は南三陸で開催しますがそれについては。

古川＝　今年は物故者の7回忌です。今まで各寺院では法要をしましたが、正信会としてまとまって供養が出来なかったので、大勢の人が集まれなくても現地に足を運んで法要をと思い、東北に決めました。これはまた正信会という団体が被災地で法要を行ったということで、社会的にも歴史的にも大事なことだと思います。

田村＝　昨年の教師講習会で川村旺道師（本道寺）が、覚林日如の話をしました。大聖人の妙法を弘めて網地島という島に27年間流罪された僧侶です。その網地島に近い南三陸町で40回大会を開くということに、個人的には覚醒運動となにか因縁めいたものを感じております。

中谷＝　今年はあの防災対策庁舎の建物が残る南三陸町で、大震災物故者の第七回忌と共に行います。来年以後の大会については、信徒の高齢化や開催候補地、さらに交通費など諸の負担が次第に大きくなるので、みんなでどうするかを考えればよいと思います。

新議長の抱負

司会＝　最後に田村竜道師より新議長の抱負をお願いします。

田村＝　古川議長が5年間努力された後、私に与えられた使命は若い人をさらに育成すること。また現在の17教区制をより現実にあったようにする機構の改革と、そのために会則の変更が必要です。

それと布教に力を注ぐこと。現宗門や創価学会の布教は、世間的にも受け入れられないものです。折伏は抜苦与楽の慈悲行とも言うように、一人一人を救うことが目的で、組織のためのノルマではありません。

創価学会的なご利益信心が強調されてきましたが、正しいご利益とは心の豊かさ、心の財を積むことです。それを私たち正信会が、お題目を唱えて信徒の成仏を祈念する、本来のあり方で宗門や創価学会の人々に示せるようになればと願っております。

司会＝　本日はありがとうございました。

第34回　正信会・法華講千葉茨城大会　講演

一信・二行・三学

平成29年7月2日　於柏市・本道寺

皆さん、こんにちは。

只今ご紹介に預かりました私は、三重県津の経住寺で御奉公をしております、古川興道と申します。

本日は第34回の千葉・茨城法華講大会が、晴天のもと盛大に開催されまして、まことにおめでとうございます。

この大会には、何度かご招待を受けていたのでありますが、都合がつかず、今回ようやく講演出来ますことは、たいへん有り難く、謹んでお礼を申し上げます。

さて皆さんは、津というところを御存知ですか。昔から「伊勢は津で持つ、津は伊勢で持つ」と歌われています。名古屋駅から近鉄特急に乗り、桑名（はまぐりが有名）、四日市（工業地帯）、白子（鈴鹿サーキット）、そして津であり、50分ぐらいで着きます。この先には、松阪（お肉）、伊勢、鳥羽（真珠）、終点賢島（風光明媚）があり、昨年にはG7の「伊勢志摩サミット」が開催されました。

お寺のある津は、三重県の県庁所在地ですが、こぢんまりした街で、海あり、山あり、川ありで、たいへん自然に恵まれ、食べものもおいしく、おっとりとした心豊かな人が多く、正信覚醒運動のお陰で、他の地へ移ることもなく、恵まれた所に48年間住んでおります。是非一度お越し下さい。

それでは、皆さんよく御存知の「諸法実相抄」を一緒に奉読しましょう。

「行学の二道をはげみ候べし、行学たへなば仏法はあるべからず、我もいたし人をも教化候へ、行学は信心よりをこるべく候、力あらば一文一句なりとも語らせ給ふべし。」

南無妙法蓮華経、南無妙法蓮華経、南無妙法蓮華経。

この「諸法実相抄」は、大聖人様が文永8年に佐渡へ流罪されましたが、京都より何らかの理由により、最蓮房というお坊さんも流されており、いつしかお弟子になったようであります。その方は教学も深く、大聖人様に種々の質問をされ、それに答えられたのがこのお手紙で、法門書とも言えるものです。その最後の方に、信、行、学の三つが大事であるので、それをしっかり精進しなさい、と励まされたのであります。今日は、その「信・行・学」について、少々お話を申し上げます。

この御文を拝しますと、信心と修行と教学がありますが、これらは等号のイコールではなく、不等号で順番があります。一番大事なのが信心、二番目が修行、三番に教学ということです。昔から宗門では「一信・二行・三学」と言われてきました。ただ三番目の教学は「力あらば」と申されていることに、我々としては少し安心感があります。

さて、その一番目の「信」についてでありますが、信心って何を信じるのか？　大聖人様の教えはたくさんあります。御書は四百数十篇あり、みんな大事なことが書かれております。それを突き詰めていきますと、最後にのこるのが、「三大秘法」であります。その三大秘法とは、「本門の本尊」、「本門の戒壇」、「本門の題目」であります。この三つが大事であります。そして私達は「本門の本尊」を寺院や、各家庭に御安置して拝んでおります。その本尊は何が説かれているのかと申しますと、中央に「南無妙法蓮華経日蓮」と書かれております。ここは千葉県柏市でありますが、ここよりずうっと下がりますと、鴨川市、安房小湊があり、そこの清澄寺の旭が森において、建長五年四月二十八日、大聖人様が初めて唱えられたお題目が、御本尊中央の「南妙法蓮華経」と同じなのであります。つまり大聖人様のお命であり、一念三千が説かれております。一念三千については、難しくなり、長くなりますので御住職にお聞き下さい。

ここ本道寺さんの御本尊は、何世の法主が書写された御本尊ですか？　日応上人ですか。皆さん方の家庭の御本尊様は日達上人の書写がほとんどかな？　日寛上人とか日布上人もあります。いずれに致しましても、皆さんはそれぞれを、一生懸命に拝んでおります。譬えて言うならば、皆さん方の御本尊は幹や枝葉にあたり、そこには根っこが必ずあります。その根っこにあたるのが、「本門戒壇の大御本尊」であり、これが日蓮正宗の根本であります。二十六世の日寛上人は「究竟中の究竟、本懐中の本懐」とまで言われております。現在、総本山・大石寺の奉安堂に御安置されておりますが、その御本尊様は一閻浮提総与といって、日本中、世界中の人に与えられた御本尊であります。私達の御本尊は、お寺や個人に、一機一縁といって、入信とか寺院建立という縁があっての御本尊であります。本門戒壇の御本尊と私達の御本尊は一体でつながっておりますから、先ほど、根っこと幹、枝葉に譬えたのであります。

そこで、一機一縁の御本尊には書写の法主名の横に「奉書写之」の四文字があります。その意味は、この御本尊は「戒壇の御本尊を書写し奉った」という深い意味が存し、そこに信心の血脈が流れるのであります。だから、根っこからの水分や栄養が、幹や枝葉に流れるのと同じで、一体なのであります。

ところが、創価学会は三年ぐらい前ですか、創価学会の会則を変更して「私達は戒壇の御本尊を信仰の対象とはしない」と宣言し、日蓮正宗から離れ、新興宗教になりさがりました。それは根っこを切り、信心の血脈を切ることになりますから、罰があっても功徳などあるはずがなく、当然枯れていきます。こんな大事なことを、何故学会員さんは黙っているのでしょうか。不思議でしょうがありません。それでも学会員さんを救ってあげなくてはいけないと思っております。

それから、私達と覚醒運動を一緒に頑張ってきたのに、四、五年前に別れていった、〝法人派〟の方達も、何を狂ったのかしりませんけど、本門戒壇の大御本尊を「形あるものは、いずれ朽ちるから固執しない、不変の壊れないものを拝むのだ」、と否定して、分派していきました。そんな主張をしながら、これまでと変わりなく、それぞれの御本尊を拝んでいるのは、矛盾も甚だしく、全く理解に苦しみます。

本門戒壇の大御本尊は、日蓮大聖人が弘安二年十月十二日に、熱原法難のお百姓さん達の強盛な信心姿勢に「時を感じ」、御図顕あそばされ、私達に成仏の元を残された、大聖人様本懐の御本尊であります。それを歴代の法主上人が厳護して、今日まで伝持・承継されております。形ある物はいずれ無くなるのは当然ですし、世の中どんなことが起こるかわかりませんが、そんな万が一の為に、法主がいらっしゃるのであります。

ところで、その戒壇の御本尊は広宣流布の暁に、つまり日本中、世界中の人たちが信心するようになったら、富士山に本堂なり戒壇堂を建立し、御安置する御本尊であり、それまでは、御宝蔵に秘蔵して、全ての人は、遙拝するのが伝統であるのに、創価学会が登山するようになり、御開扉が恒常的におこなわれ、今日においては直拝（直接目に見て拝む）しなければ功徳がない、成仏できないなど、とんでもないことを宗門は叫んでいます。それは信徒を登山させ、本山の財政を潤すための、御本尊利用で大間違いであります。よって正信会こそが伝統法義のまま、正しい信心のあり方に励んでいるのであります。

次に大事なのは「行」ですね。修行です。信心というのは、有るのか無いのか、他人が見ても分かりません。行動や態度に出て、初めて分かるものです。その修行には「自行化他」といって、自分が勤行、お題目、寺院参詣等の自行と、他宗の人を折伏する化他行があります。これらの行動があって初めて「私は信心しています」と言えるのであります。だから、信と行とはくっついています。ところが、勤行もお題目も、寺院参詣や、折伏をしなければ、「信心している」とは言えません。

化他行の折伏について申し上げますと、昔、学会の折伏が非常に盛んで有った頃は、一世帯の入信の成果をあげなければ、折伏ではなかったですが、本来は大聖人様の教えを人にお話するのが折伏で、それによって、素直に信心する人を順縁、反発をする人を逆縁といいますが、そのどちらも折伏であり、縁を結ばせることが化他行であります。わたしも布教講演会を12年間やっていますが、実際に一人を信心させるのは難しいことです。でも縁をむすべば、今世でも来世でも必ず信心する時が来ます。それでいいのでありはす。要は人に話す実践が大事であります。そういう人を信心が強いというのであります。

今、宗門では寺院や信徒に対して、折伏成果のノルマを強制的に指示しております。個人が目標として折伏の成果を定めるのは自由ですが、決して上から決めるものではありません。こんな事も宗門の現在の歪みであります。

三番目が「学」、教学であります。失礼ですが、皆さんの中で教学が好きだという方いらっしゃいますか？　あんまり好きでなくてもかまいません。それでも御書素読ぐらいはやって下さいよ。五重の相対、三重秘伝、先ほどの一念三千など難しいですよ。こういうことを知って、信心が強くなれば、それはたいへん結構ですが、ほとんどは理屈っぽくなる人が多いですね。それよりお題目を一遍でも多く唱えたほうが成仏に近づきます。

これはお坊さんですが、教学をなまじっか勉強して、知ったか振りする方を見ますけど、ほとんどが一知半解で、半分も分かっていないのです。そういう方に限って、三大秘法抄はおかしい、戒壇の御本尊は偽物、二箇相承は後世の作り物、日寛上人は言い過ぎ等、まったく日蓮正宗の信心をしているとは思えません。法人派の僧侶がそうでした。御書の系年や対告衆ならまだしも、重要法門などは断定せずに、研究に留めておくべきであります。先ほどの今野さんの体験発表の様に、こういう方の話しは、一般の人がよく聞いてくれます。「あなたの宗派は、五重の相対からいえば権実相対で……」と、そういう事よりも、「この信心して南無妙法蓮華経とお題目を唱えたら病気が良くなった」と、実体験を話した方が、相手の方も「やってみようか」ということになります。現世利益ばっかりではいけませんが、功徳の体験というのは強いものがあり、説得させる力があります。

また、信と学との関係について、四つのタイプがあります。

「有解有信」、これが一番です。教学も信心もある。皆さんの中にはいますか？　これが最高、最低は「無解無信」、教学もないし、信心もない。世間の人のことではありませんよ、信徒の中にですよ。本日参詣の皆さんは、絶対にこのタイプではありません。この千葉茨城法華講大会に参加しただけで、そこに信と行があります。問題は2番目と3番目です。２番は「有信無解」、信心はあるけど教学がない、失礼とは思いますが、御信徒の多くはこのタイプかもしれません。もう一つは「有解無信」、法門のことはよく知っているけれども、勤行もしない、お題目もあげない、寺院参詣もない、折伏もしない、こういう方、たまにいらっしゃいますね。学者タイプの方かな。

大聖人様は「解有りとも信無くば成仏すべからず」と、教学を理解しても、信心がなければ成仏はできない、また、「解無くとも信有らば成仏すべし」と、逆に教学が無くても、信心さえあれば成仏する、と仰せであります。なんと有り難いお言葉でしょう。

結論からいえば、「有解有信」が理想の一番ですが、「無解有信」でも成仏できるのですから、二番目でよいと思います。しかし、「私は教学がしたい」という方は大いに勉強して下さい。大聖人様の「力あらば一文一句」に当たりますので、大変結構です。でも教学の力が無くても、成仏が出来るのですから、大事なのは「信と行」です。

皆さんの信行増進の為に申しあげますが、御書に「法をこころえたる、しるしには、僧を敬い、法をあがめ、仏を供養すべし」との御指南があります。「法をこころえたるしるし」とは、大聖人の教えや法門を、よく「理解した証拠」ということです。「僧を敬う」とは、正信の僧侶、特に自分たちの住職を尊敬する、「法をあがめ」とは、勤行し、お題目をあげ、お給仕をすること、「仏を供養」とは、仏様、御本尊様に御供養することであります。これらのことをよく心得られてご精進下さい。

最後に、この千葉茨城の法華講大会が34回ということですが、34年続けているということですね。世間では「継続こそ力なり」との言葉もあります。開催の苦労もありますが、僧侶と御信徒が協力して、この大会をずうっと継続して、次の時代に残していただけるよう、心よりお願いいたしまして、本日の講演とさせていただきます。ご静聴有り難うございました。

最勝院移転記念法要　講演

二つの最勝

平成29年7月17日　於金沢市

皆さん、こんにちは。

只今ご紹介に預かりました私は、三重県津の経住寺で御奉公をしております、古川興道と申します。

本日は最勝院さんの移転記念法要が、このように盛大に奉修されまして、心から御祝いを申し上げます。おめでとう御座います。

又、こういう目出度い席に講演をという事で、有り難くお受けを致しまして、この法要に参加した次第で御座います。謹んでお礼を申し上げます。

只今、最勝院さんのことを色々お聞きしましたが、松任の時には名前だけは知っておりました、又金沢に移ってから10年くらいになるそうですが、両方とも参詣した事はありませんで、どんな建物であったかは知りません。

今日、金沢の駅からタクシーで来まして、駅から10分くらいの近場であり、高台で敷地も広く、こんなに良いところが確保出来たのかと驚きました。これは仏様のお導きであり、皆さん方の精進の賜と思います。なかなか出来ることではありません。自分達の頑張りに拍手をして下さい……。30年40年と、こつこつ正信会でやってきた功徳であると確信します。しかし、ここで安心せずに皆様方が今後も力を合わせ、自分たちの最勝院をお守り下さい。

今回は講演と云う事で、『諸法実相抄』をまず拝読したいと思います。

『諸法実相抄』に曰く、

「行学の二道をはげみ候べし。行学たへなば仏法はあるべからず。我もいたし人をも教化候へ。行学は信心よりをこるべく候。力あらば一文一句なりともかたらせ給ふべし」

南無妙法蓮華経、南無妙法蓮華経、南無妙法蓮華経。

この御書は大聖人が佐渡へ流罪されておった時に、何らかの理由で京都から流されていたお坊さんで、最蓮房という方がおりました。仏教の事についてはよく御存知の方で、いつしか大聖人のお弟子となり、その方の質問に答える形で書かれたのが、この『諸法実相抄』であります。その最後の方に、行学が大事ですよ。修行とそれに教学、その二つは信心から出るんですよ、と仰せであります。信心が無ければ何にもしません。信心があるからこそ修行が出来る。そしてお題目を唱えて得た、功徳・体験というのは強いもので、相手を納得させる力があります。人を折伏する際に、「有り難いから、有り難いから」と言うばりでは、説得させることは出来ないので、教学も必要ですが、教学は力があればの事で、なかなか難しいところがあります。

そういう事で、信心という事が一番大事であります。今回皆様方がこれだけのお寺を御供養されたということは、いい加減な信心では出来ません。やっぱり自分が最高の教えを信じているという自信があるから、誇りがあるからこそ、身も心も捧げる事が出来るのあります。その結果が本日の移転法要であります。

昔から「名は体を表す」と申しますが、私は古川興道という名前で、誰にも負けない良い名前と思っております。日興上人の興です。私の師匠が日興上人の歩んだ僧道をと、願望をもって付けたと思いますが、私自身はまだまだです。それでもその名前に恥じないよう、正信会で一生懸命頑張っております。この最勝院も「最も勝れたお寺」という名前ですから、日本一良い名前かも知れません。またそこで信心している皆さんも、当然信心強盛な御信徒であると確信いたします。

そういうことで、本日はその「最勝」ということについてお話をしたいと思います。二つの最勝について申し上げます。

一つは世界中に色々な宗教がありますが、そういう中で浅い教えから、だんだん深い教えに進みますと、最後に残るのが最も勝れた教え、それが日蓮大聖人の教えであります。

もう一つは、その最勝である大聖人の教えを信じている宗派は、日蓮正宗だけであります。ところが近年、その日蓮正宗がいろいろと混乱しております。創価学会も駄目でしょう。それと私達と一緒に頑張って来た、法人派のグループも分派していった。それから宗門も宗開両祖の教えから遠ざかり、ウソ偽りが横行しております。ぶれないでずっと正しく信心修行しているのは、我々正信会だけなのです。その正信会が最勝であるという話をいたします。

それでは一つ目の、世間には宗教がたくさんあり、その中から一番勝れた教えを取り出すのに、大聖人は『開目抄』において、五重の相対をお述べであります。先ず世界には、大きく分けて仏教と仏教以外の教え、専門的に内外と言いますが、内が仏教で外が他の教え、仏教は三世の因果を明かしているので、優秀であるというのが、五重の相対の一番目です。

二番目は、仏教の中でも多人数救える教えの大乗教と、少ししか救えない小乗教、これを相対して、当然たくさん救える大乗教の方が勝れています。

三番目は、お釈迦様が説法をする時に、人のレベルに合わせて説法する場合と、お釈迦様の本心、悟ったものを説く場合があります。これを権実相対と言います。権とは仮という意味で、爾前経、四十二年間の教えが権に当たります。法華経は真実であるので実、権と実を相対すれば実教の方が有り難いのは当然であります。

四番目は法華経の中にも、勝劣があります。皆様方が勤行する時に、方便品と寿量品を読みますが、法華経は序品から第二十八品まであって、最初の十四品を迹門と云って準備の段階、後の十四品は本門と云って完成・成就の事です。本門と迹門とどちらが優秀かというと本門の方ですが、これを説明していると長くなり、眠たくなりますので、それは皆さん方の御住職にお聞き下さい。

最後の五番目は種脱相対、これは少し説明をしなければなりません。種とは下種、脱とは解脱、煩悩から脱するということは、悟るという事です。種と脱の比較、これは分かり易く云いますと、大聖人の教えと、お釈迦様の教えとの比較です。どちらが優秀かという事ですが、どちらも優秀なのです。それは教えを受ける衆生の縁が、お釈迦様に縁をするか、大聖人に縁をするかの異なりであります。

お釈迦様の教えは、お釈迦様がインドで誕生するもっと前の世に、仏になっていた（久遠）のですが、仏になっていたということは、その仏と縁をむすんだ衆生もいる訳です。その時に下種、法を下され、その後、生死を繰り返しながら成長しますが、それを熟と言います。皆様方の中で草木を育てるのが好きな方いますか？　最初に種を蒔いて水や肥料を与え、太陽の光を受けて成長します。蒔いたり植えると云うことが下種です。水をあげたり肥料をやったりして成長するのが熟です。だんだんと実ってくることを「熟してくる」といいますね。最後に果実がなるのが脱という事です。脱するという事はそこから脱ける、完成することです。信仰的にいえば成仏するということです。だからお釈迦様に縁のある人達は、下種の利益があって、成長の熟益があって、最後に脱益というのがあって、この三つを踏まえ、歴劫修行によって成仏するのであり、これがお釈迦様の仏法であります。大聖人の教えは末法万年、お釈迦様に縁のある衆生というのは、久遠から在世（お釈迦様の時代）、それから正法千年、像法千年まで。末法という時代は、もうお釈迦様の効力はなく、私達にとってお釈迦様は縁がないのです。だからこそ効力のある、成仏できる仏様がどうしても必要になるのです。歴史をずっと見てみますと、法華経に仰せ通りの上行菩薩に代わる方は、大聖人以外におられないのです。私達は賢くありませんし、鈍根であります。鈍とはニブイということで、根とはそのレベルです。つまり末法の衆生は仏法に対してものすごくレベルが低く、成長のもとである、修行が苦手なのであります。だから種を植えられるだけで解脱できる法でなくてはなりません。よって下種の中に成長の熟益も、成仏の脱益も含まれていなければなりません。蓮華が華と実を同時に倶する譬えの通り、つまり即身に成仏することであります。

『観心本尊抄』の中に、「彼れは脱、此れは種なり」との御文があります。「彼れは脱」は、お釈迦様の仏法は脱益ですよ、「此れは種」は、大聖人の仏法は下種ですよ、その続きに「彼れは一品二半、此れは但題目の五字なり」と仰せられております。「彼れは一品二半」ということは、一品とは皆様が勤行の時に読んでいる第十六の寿量品、二半とは半分ずつが二つあるということで、第十五の涌出品の後半品と、第十七の分別功徳品の前半分、この一品二半がお釈迦様の仏法で、衆生が脱益する有難い教えなので御座います。大聖人の仏法は「但題目の五字なり」です。よって我々は南無妙法蓮華経の五字七字の題目だけを、心を込めて信心すれば、成仏できるのであります。末法においてはこれが最勝であります。

参考のために申しますと、お釈迦様に縁した人は本已有善、もともと下種益、熟益の善がある人なのです。そういう事で成仏が出来ます。

末法の我々は本未有善、もともと善がない衆生なのですから、善に代わる魔法の薬が必要なのであります。その魔法の良薬を大聖人は南無妙法蓮華経と、建長五年四月二十八日に唱えられ、宗旨を建立されたのであります。しかしこの南無妙法蓮華経は、久遠元初の凡身の悟りの南無妙法蓮華経であり、よって大聖人を久遠元初の御本仏、又末法の御本仏と申し上げるのであります。更にその無形のお題目を、我々が拝むのに困らないように、目に見えるような、対境の形として、顕していただいたのが御本尊なのであります。

次に二つ目の「最勝」について申し上げます。私達はその最勝の日蓮大聖人の仏法を信じる、日蓮正宗の僧侶であり信徒であります。その教えによって成仏が可能であり、又功徳を頂いております。ところが近年、その日蓮正宗に混乱が生じ、大きな問題となっているのであります。

そこで先程申しました南無妙法蓮華経を形有る物、つまり御本尊として顕されましたが、皆様の家庭に御安置の御本尊は、ほとんど紙幅でしょうが、中央に「南無妙法蓮華経　日蓮」と書かれいて、その横にその御本尊を書写された法主の名前が書いてあります。それらは一機一縁の御本尊と言って、自分が入信した縁によって、お貸下げ頂いた御本尊であります。またお寺であれば、そのお寺が建立された縁によって御本尊が安置されます。御本尊は板であっても紙幅であっても、また御形木であろうと常住であろうと、みなそれぞれの縁によるところの御本尊であり、御本尊そのものに功徳の差別はありません。ただ大事なのは、法主名の左横に「奉書写之」(之を書写し奉る)と書かれた意味であります。

「之を書写」とは何を書写されたのでしょうか。書き写すとは、一番もとの御本尊、即ち「本門戒壇の大御本尊」を写されたのであります。「之」とは両方の御本尊に通ずると解すべきであります。一機一縁の御本尊は、そういう甚深の意義が含まれております。これ無くして日蓮正宗の信心はなり立ちません。またその戒壇の大御本尊は、大聖人が熱原法難により、神四郎・弥五郎・弥六郎というお百姓さん達が、大聖人にはお目にもかかっていないのに、日興上人に指導を受けただけなのに、南無妙法蓮華経に命を捧げた方達なのです。大聖人はそんな方達の、お題目を唱え抜いている姿勢を、又それらの前後の状況を鑑みて、これは〝時が来たな〟とお感じあって、弘安二年十月十二日に本門戒壇の大御本尊を顕されたのでありま す。これは一機一縁とは異なり、一閻浮提総与といって、世界中の皆んなに、授与された大御本尊であります。

だから日蓮正宗はこの大御本尊を命として、此れまでの七三〇年間があるので御座います。現在、大石寺の奉安堂に御安置されておりますが、その大御本尊が根本であります。わかりやすく譬えて云えば、最勝院の本堂の外にはたくさんの樹木がありますが、その木々の下には根っこがあります。それから幹があり枝や葉っぱがあります。我々の御本尊は地上に出ている幹とか枝葉に譬えられ、戒壇の大御本尊は根っこと同じで、見えないけれども、しっかり秘蔵されているのであります。根が水分や栄養をとって幹や枝葉に行き渡るように、戒壇の大御本尊から、我々の御本尊に功徳が行き渡ります。また枝葉や幹が、太陽や自然界のエネルギーを吸って根っこに送る、つまり、私達のお題目は御本尊を通して、戒壇の大御本尊へとお供えする、それが信心の血脈という事です。

それを創価学会は3年前になるかと思いますが、創価学会の規則を変更し、ハッキリと「私達は本門戒壇の御本尊を信仰の対象としない」と、宣言したのであります。その意味は根っこを切ります、と言うことです。つまり信心の血脈が切れるのであります。会員さんの信心を奪うなど、とんでも無いです。又会員さんの方も、黙っているのが不思議でなりません。それはおかしいと、何故声を上げないのでしょうか。選挙になれば一生懸命動くのでありますが、何の為に動いているのでしょうか。公明党の為だけと云うなら結構ですが、それを信心の為とか、功徳があるとかだと、それは大間違いであり、戒壇の大御本尊から離れれば他宗であり、新興宗教であります。罰はあっても功徳など一切ありません。

それと同じ事を、5年程前から主張しているのが法人派であります。何故そんなことを云い出したのか分かりませんが、この戒壇の御本尊は本物かどうか疑わしい、又目に見える物体、形のある物は永遠ではない、物体の外に真理があるなどと言っております。疑いを持ったら、否定と同じであります。信心するのに、おかしいと思って信心する人があるでしょうか。そんなものは信心ではありません。いい加減です。何でそんな主張に、信者はついて行くのでしょうか。もっとおかしいのは、本門戒壇の大御本尊を否定しながら、自分たちの御本尊は、今まで通り拝んいるのは、どういう事ですか。矛盾も甚だしく、全く理解に苦しみます。「唯授一人の血脈」ということが解かっていないのであります。二十六世の日寛上人は、中興の祖であります。本当に近代宗門の教学を整理された法主であります。その方が本門戒壇の大御本尊について「究竟中の究竟」、「本懐中の本懐」と、もうこれ以上の御本尊は無いと、仰せであります。あくまでも日蓮正宗の根本は、本門戒壇の大御本尊であり、私達の信心と深く繋がっているのであります。以上ですから、学会と法人派の間違いの件は、よく分かっていただいたと思います。根っこを否定すれば、あとは枯れるだけであり、ややこしく考える必要は無いのであります。

それから宗門です。情けない事ですが、一つは阿部日顕さん、彼は嘘をついて法主になったのです。当家では次期法主を決める時には、誰にでもわかる「選定」という、行為が無ければなりません。血脈相承の儀式（内付も含め）も、その選定行為の一つですが、それが無かったにもかかわらず、有ったとウソをついたのです。裁判で、はっきりとその嘘が明らかになりました。だから偽法主というのです。そうすると、偽法主が書写した本尊は当然ニセ本尊で、本物ではありません。私はそんな大切な事を、嘘つくような僧侶だと思いませんでしたので、当初は信じていたのです。ところがそのウソを正当化するために、法主本仏や、似非血脈を強言し、事実を追求する我々僧侶を擯斥にして、僧道を断絶させるような、そんな無慈悲な事を、するのかと驚きました。更にそれらの僧侶に随う、信徒の皆様まで破門にしたのでありま す。日顕さんはたくさん本尊を書写しておりますが、そのニセ本尊を拝んでいる、僧侶や信者さんが可哀想でなりません。

もう一つダメなことは、戒壇の大御本尊は昔から遙拝と云って、広宣流布の暁までご宝蔵に秘蔵して、我々は遙拝するというのが伝統です。そして日本中の人、世界中の人が信心するようになったら、その時には戒壇堂なり本堂を建てて、そこに御安置するものなのです。だから皆んなが信心するまで、待たなければいけないのです。時の猊下、僧俗が命懸けで、大御本尊を護っていくわけであります。ただ近年になって、御開扉が行われるようになりましたが、あくまでも蔵の中に秘されている戒壇の大御本尊を、渇仰恋慕の心で遙拝するのが、正しいのであります。それを宗門では直拝、目に見て拝まなければ功徳が無い、成仏出来ないと言っているのです。なぜそんなことをいうのかと言えば、登山者を多くして、財政的に潤う為なのです。情けない事です。先程祝辞にありましたが、金沢法難中の武士信徒の〝抜け参り〟は、御宝蔵の石畳の前での遙拝です。目に見て、直に拝まなければならないということであれば、目の悪い人、都合で登山出来ない人は、成仏出来ないのでしょうか、そんなことはありません。だから宗門は間違いです。戒壇の大御本尊を、財政的に潤う道具にするような信心や、嘘をつく事を改めない限り、宗門の再生はありません。只今申し上げた通りですので、誰からどのように質問されても、正信会は正しいのだと、きっぱり言えるように、自信を持っていただきたいと思います。以上、二つの「最勝」について申し上げました。

私達の信心は、最初からぶれない信心、変わらない覚醒運動です。御書に「法をこころえたるしるしには、僧を敬ひ、法をあがめ、仏を供養すべし」、つまり大聖人の仏法を心得た人、理解した人は「僧侶を敬う」、どの坊さんでも良いというわけでは無く、正信会の正しい僧侶を尊敬する。特に皆様のお寺の御住職である高森尊師、そして檀家寺の御住職を敬わなければなりません。「法をあがめ」とは、御本尊にお給仕、勤行、お題目をあげること。「仏を供養すべし」とは、仏様に御供養するという事です。この三つの実践をすることが、法を心得たる証だと、仰せであります。この御文をしっかり肝に銘じて頂ければと思います。

本日は目出度い記念の日でありました。自分達の出来る範囲で、今後も頑張って下さるようお願いします。御清聴有り難う御座いました。

参加者と記念写真

付録

布教講演会　仏教講座・法華経に学ぶ

一般の方々に仏教を身近なものとして、又法華経の有り難さを学び、更に日蓮大聖人の教えの優秀性を示し、信仰のあり方を考えていただこうと、平成16年5月より平成28年7月まで、31回の布教講演会「仏教講座・法華経に学ぶ」を開催した。

三重県の有志僧侶と共に、著者は毎回、有志僧侶は交代で、それぞれ約40分間の講演に臨んだ。会場はアスト津の60人収容の会議室に於いて、毎回満席の盛況であった。特に第1回、第10回、第20回の記念講演会では、アスト津の大ホールに３００人余が集まった。

著者は、平成11年11月25日より12月3日まで、インドの釈尊の仏跡を訪ね、また平成19年8月16日より30日まで、中国・シルクロードの仏教遺跡を訪ねて研修旅行をした。それらの経験が布教講演会に大いに役だった事は言うまでもない。

この度は、講演テキストを掲載したので参考にしていただければと思う。重複箇所が多いのは毎回新参加者があり、配慮したためである。

付録　布教講演会　仏教講座・法華経に学ぶ

インド仏跡を訪ねて・第一話

第一回・布教記念講演会（平成十六年五月九日）

経住寺　古川　興道

❖お釈迦様　インド地図を見ながら

○お釈迦様はインド・コーサラ国の属国であるカピラ国（釈迦部族……小部族）の王子であった。

迦毘羅城

父・浄飯王、母・摩耶夫人の間に王子として生まれる。名前を悉達太子。

摩耶夫人が、お産の為に実家へ帰る途中のルンビニにて、右の脇腹より生まれ、七歩歩いて「天上天下唯我独尊」と発したとの、大乗教団の伝承。

摩耶夫人は出産後の経過がおもわしくなく、一週間後に死去され、妹の摩訶波闍波提比丘尼が育ての親となる。

王舎城

マカダ国、頻婆娑羅王と韋提希夫人の間に息子の阿闍世王がいた。

頻婆娑羅王はお釈迦様の大変な外護者であり、提婆達多はそれを恨み、息子の阿闍世王を籠絡した。

❖インドのカースト制度

○古来よりインドは人種と職業がミックスされた社会階層の差別があった。

バラモン………祭祀・儀式をとりおこなう　知識階級
クシャトリヤ……王族・貴族　支配階級
バイシャ………工具の作成・商売人　生産階級
スードラ………使用人　奴隷

お釈迦様の時代は、このカースト制度が確立しており、婚姻関係も厳しく制限されていた。その制度にお釈迦様は疑問を持っていたと思われる。

❖四門出遊について

○お釈迦様出家の動機として伝承されている。
迦毘羅城の東西南北の門を出て街中の様子を見学し、人生の苦難について考える。

東の門……老人　南の門……病人　西の門……死人　北の門……聖者

〔私の考え〕
○お釈迦様出家の動機は
カースト制度への反発……法華経の一切衆生の平等観
生老病死の四苦に対しての解放……四諦・十二因縁

インド仏跡を訪ねて・第二話

第二回・布教講演会（平成十六年八月二十九日）

経住寺　古川　興道

❖仏教の特徴

○仏教は、全ての人類を幸せに導く偉大な教えであり、仏教が伝来してより以来、長い風雪を経て日本人の魂を浄化し、献身、他人愛、共生、慈悲心という日本人が本来持っている感性を培ってきたものであると、私は確信している。

❖前回の概略

○マカダ国・迦毘羅城の王子・名前を悉達太子
　父・浄飯王、母・摩耶夫人、育ての親・摩訶波闍波提比丘尼
○インドのカースト制度
　バラモン・クシャトリヤ・バイシャ・スードラ
○出家の動機
　四門出遊　東門……老人　南門……病人　西門……死人　北門……聖者

❖お釈迦様の五大聖地

誕生地………ルンビニ　　成道地………ブッダガヤ　　初転法輪……サールナート

法華経説処…ラージギル　　入滅地………クシナガラ

○その他

ヒンズー教の聖地………ベナレス（沐浴をするガート）

総合大学跡地…………ナーランダ（玄奘三蔵も学ぶ）

お釈迦様の説法範囲……ガンジス川・中流域

阿育大王の王柱…………パトナ・バイシャリ（ビハールの州都）

❖インドについて

人口　　十二億人　　　　　　　　　　通貨　　ルピー（一ルピー・三円ぐらい）

首都　　ニューデリー（以前はカルカッタ）　時差　　三時間半（飛行時間　十一時間前後）

国面積　　日本の九倍

宗教　　ヒンズー教が八割、仏教は四百万人ぐらい

気候　　暑季（四月～五月）雨季（六月～十月）乾季（十一月～三月）

〔おもしろ話〕「おシャカになった」

鋳物職人が、お地蔵様を造るつもりで、誤ってお釈迦様を造ってしまった。造る過程で失敗し、製品として役に立たないものとなる。また二度と使えない状態になることのたとえ。

インド仏跡を訪ねて・第三話

第三回・布教講演会（平成十六年十二月十九日）

経住寺　古川興道

❖お釈迦様の説法について

○お釈迦様は十九歳で出家され、三十歳で悟りを開かれ、八十歳で涅槃されるまで五十年間にわたって説法された。

一、仏様のお説法であるから五十年間の説法には優劣はない。
二、仏様のお説法であっても、いろいろな人（機根の違い）に説法をするのだから優劣はある。

イ、浅い教え　――　深い教え
ロ、方便の教え　――　真実の教え
ハ、権（ごん）の教え　――　実（じつ）の教え
　　随他意（ずいたい）　　随自意（ずいじい）

対機説法……衆生の機根（きこん）に対応して法を説くこと。
機根…………衆生の性根、性質、根性のこと。

○鍛治屋さんには↓数息観（すそくかん）
☆数息観……みだれた心に呼吸を数えて整える修行の方法。

○洗濯屋さんには→染浄二法（せんじょうにほう）
☆染法……けがれた法。煩悩（ぼんのう）・業（ごう）・苦（く）によって、けがれた迷いの法
☆浄法……煩悩のけがれに染まらない清浄の法

〔おもしろ話〕「仏の顔も三度まで」

お釈迦様の晩年、お釈迦様の生まれた国の釈迦国が、隷属されていたコーサラ国に（釈迦国との間に婚礼の非礼があり）攻撃滅亡されようとしていた。

しかしお釈迦様にとっては生れ故郷でもあり、いささかの愛着がある。

コーサラ国の軍隊が釈迦国に向う、その街道の枯れ木の下（わざわざ枯れ木を選ぶ）で座禅をしていた。コーサラ国王はお釈迦様を見て挨拶をする。「世尊よ、ほかに青々と茂った木があるのに、どうして枯れ木の下で座禅をされるのですか」

「王よ、枯れ木といえども、親族の影は涼しいのです」その枯れ木は釈迦族のシンボルとされている木である。そういう形でお釈迦様は釈迦国への愛情を表現し、コーサラ国王に伝えた。王はお釈迦様に遠慮して、兵を引き返した。

しかし、コーサラ国王の釈迦国への憎しみは強く、しばらくして王は再び軍を進めた。二度目もお釈迦様は同じ木の下で座禅をしていた。コーサラ国王は軍を引き返す。三度目も、コーサラ国王は軍を進め、やはりお釈迦様にあって引き返した。四度目、コーサラ国王はお釈迦様を見なかったので、そのまま軍を進め、釈迦国を滅ぼした。

インド仏跡を訪ねて・第四話

第四回・布教講演会（平成十七年四月十七日）

経住寺　古川　興道

❖お釈迦様の伝道

お釈迦様は十九歳で出家され、三十歳で悟りを開かれ、八十歳で涅槃されるまで五十年間にわたって説法された。

サールナート（初転法輪の地）・ベナレス・パトナ・バイシャリ・ルンビニ・ゴラクプール等、雨期は弟子達と精舎で修行に励み、その他の季節はガンジス川中流域の各地を説法して歩いた。晩年はラージギルに留まる。

○仏様のお説法を、天台大師（中国）は分類した。

浅い教え・方便の教え・権の教え・随他意の教え

華厳経・阿含経・方等経・般若経……四十二年間

深い教え・真実の教え・実の教え・随自意の教え

法華経……八年間

❖お釈迦様の入滅

説法の大部分をなし終えた釈尊は弟子の阿難と共に生まれ故郷のルンビニを目指すのであるが、ベナレスの近くで在家信徒の出された食事にあたり、それでも旅をつづけるのだが、クシナガラに於いて沙羅双樹のもとで涅槃されたのである。八十歳。

❖人間の生死について

一、人間は誕生から臨終ですべてが終わる。
●世の中のあらゆる現象は偶然か必然か……
二、人間の生死は、過去・現在・未来と三世をくり返す。
●縁起によってすべては存在するか……

○臨終について

死に方は　生き方の決算であり　死に方は来世の生れ方に通ず。
死相に様々ある
色黒き　身重き　身の硬直
色白き　身軽き　身の軟らか　半眼半口

○法華経・寿量品の中に

「如来如実知見　三界之相　無有生死　若退若出」
如来は、如実に三界の相を知見するに、生死の、もしは退、もしは出有ること無し

インド仏跡を訪ねて・第五話

第五回・布教講演会（平成十七年八月七日）

経住寺　古川興道

❖お釈迦様の入滅とその遺骨

○お釈迦様は十九歳で出家され、三十歳で悟りを開かれ、八十歳で涅槃される。五十年間にわたって説法された。

前四十二年間の説法　　華厳経・阿含経・方等経・般若経　　易信易解
後八年間の説法　　法華経・涅槃経（一日一夜）　　難信難解

説法の大部分をなし終えた釈尊は弟子の阿難と共に生まれ故郷のルンビニを目指すのであるが、ベナレスの近くで在家信徒の出された食事にあたり、それでも旅をつづけるのだが、クシナガラに於いて沙羅双樹のもとで涅槃されたのである。涅槃される寸前の一日一夜に説法されたお経が涅槃経。

○弟子の筆頭である迦葉は、布教の旅に出ており、入滅の座にはいなかったが、その知らせを受けて一週間後にクシナガラに到着し、その立ち合いのもとに、釈尊の遺骸は丁重な礼をもって荼毘にふされた。遺骨（舎利）は八分され、それを祀る八基の塔が建立された。
それを梵語で〝ストゥーバ〟と呼ばれた。それが仏塔であり、入滅後二百年ほどして出現した〝阿育大王〟によってインド全土に仏塔が建立された。
日本のお墓の元である。お墓に建てる〝塔婆〟は梵語の音写である。

❖参考

○十の精神状態（十界・十法界）

一、地獄界（じごくかい）　苦しみに満ちた状態
二、餓鬼界（がきかい）　貪欲に支配された状態
三、畜生界（ちくしょうかい）　智恵や理性のない本能に動かされる状態
四、修羅界（しゅらかい）　他人に勝ろうとする自己中心的な状態
五、人間界（にんげんかい）　平静にものを判断する状態
六、天上界（てんじょうかい）　喜びや楽しみに満ちた状態
七、声聞界（しょうもんかい）　煩悩を断じて悟りを開こうと志向する状態
八、縁覚界（えんがくかい）　仏縁や自然現象を縁として悟る状態
九、菩薩界（ぼさつかい）　他人に施す慈悲の心を持ち、自行により悟りを目指す
十、仏界（ぶっかい）　万法に通達する、円満自在の境地

インド仏跡を訪ねて・第六話

第六回・布教講演会（平成十七年十一月二十七日）

経住寺　古川興道

❖お釈迦様の入滅と経文の結集

○お釈迦様は十九歳で出家され、三十歳で悟りを開かれ、五十年間にわたって説法され、八十歳で涅槃された。

○弟子の筆頭である迦葉は、布教の旅に出ており、入滅の座にはいなかったが、その知らせを受けて一週間後にクシナガラに到着し、その立ち合いのもとに、釈尊の遺骸は丁重な礼をもって荼毘にふされた。

○葬儀が終了すると、その教えが散逸して後世に伝えられないのを恐れた弟子達は、迦葉が中心となって釈尊の教えを編集するための会議を招集し、五百人の代表的な弟子を選び編集会議を開催した。教典の編集会議のことを仏教語で「結集（けつじゅう）」と言う。

第一回結集……王舎城の南、七葉窟　このような会議は後の世にも三回行われたと伝えられている。

❖教えの集成……経蔵

○経がどのような場所で、だれに対して説かれたかを迦葉が尋ね、阿難がこれに答えるという形式で会議が進められ、阿難が唱えた教法を出席者全員が異議なく承認された。

諸行無常（しょぎょうむじょう）　もろもろの行は無常なり　色は匂へど散りぬるを
是生滅法（ぜしょうめっぽう）　これは生滅の法なり　我が世誰ぞ常ならむ
生滅滅已（しょうめつめっち）　生滅にして滅し已れば　有為の奥山今日超えて

寂滅為楽（じゃくめついらく）　寂滅にして楽となる　浅き夢みじ酔ひもせず

❖規律の集成……律蔵

○教団の構成員の一人として守るべき規則の条項を戒という。それをまとめたものを律という。弟子の優波離によって編集された。

五戒

一、生きものを傷つけない。（不殺生・ふせっしょう）
二、与えられぬものをとらない。（不偸盗・ふちゅうとう）
三、よこしまな性関係をもたない。（不邪淫・ふじゃいん）
四、うそをつかない。（不妄語・ふもうご）
五、酒をのまない。（不飲酒・ふおんじゅ）

❖法華経に学ぶ

○法華経の方便品の中に
「言辞柔軟・悦可衆心……ごんじにゅうなん・えっかしゅうしん」
（柔らかくやさしい言葉で話せば、人々も悦んで教えを聞く）

インド仏跡を訪ねて・第七話

第七回・布教講演会（平成十八年三月二十五日）

経住寺　古川興道

❖お釈迦様滅後の経典の伝播

○涅槃された後、その教えが散逸して後世に伝えられないのを恐れた弟子達は、代表的な弟子を選び編集会議を開催【教えの集成……経蔵】【規律の集成……律蔵】が編集された。

〔アショーカ王の出現〕

○お釈迦様がなくなった後は、その弟子達が教団の発展に尽力し、紀元前三世紀になるとアショーカ王（阿育王・二六八～二三二年在位）が仏教に帰依した。

○仏教は、中央集権的統一国家を実現させたこの阿育王の支持を得て、それまでガンジス川流域の一地方の宗教にすぎなかったものが、インドの国教のような形で、王の支配していた全インドに広まり、南方には、阿育王が仏教を伝えるために、王子（マヒンダ）をセイロン（現在のスリランカ）へ派遣した。

❖仏教の伝播

○南伝仏教……インドからスリランカ、バングラデシュ、ミャンマー、タイ、カンボジア、ラオス、インドネシア、マレーシアなど南方諸地域に伝播した仏教をいう。

○北伝仏教……インドから中央アジア、中国、朝鮮、日本へと伝播した仏教をいう。仏教が中国にいつ初めて伝えられたかははっきりしないが、シルクロードは、紀元前二世紀には開けており、紀元前後には、仏像や経典などが伝えられたと考えられる。

○チベット仏教……チベットへは六四〇年ころに、中国とネパールの仏教が伝えられた。一六四二年、ダライ・ラマ政権樹立以後、一九六〇年に中国がチベットを併合するまで、ダライ・ラマ政権が続き、第十四世ダライ・ラマはインドに亡命中である。

❖漢訳の経典

○私たち日本人にとって、古くから親しまれてきた経典は、漢文で記された経典である。漢訳の仏典ができあがるまでには、多くの仏教僧の苦心があった。

○玄奘三蔵……唐の時代、十二歳で出家した玄奘は、仏教の真意を極めるには原典を読むことが必要であると気づき、六二九年、二十九歳のとき単身でインドに向かって出発した。

○義浄……玄奘が没して七年後、インドに向かったのが義浄である。かれは南海航路の船に乗り、スマトラを経てカルカッタ付近に上陸、ナーランダの大学で十年間修学した。

〔訳経事業〕

○数多くの人びとによって経典は中国へもたらされた。もたらされた大量の仏典を翻訳する仕事も、搬入に劣らぬ大事業である。言語に通じているばかりでなく、仏教思想に明るい人でなければ翻訳することが出来なかったからである。

インド仏跡を訪ねて・第八話

第八回・布教講演会（平成十八年七月二十三日）

経住寺　古川興道

❖お釈迦様滅後の経典の伝播

○お釈迦様は十九歳で出家され、三十歳で悟りを開かれ、五十年間にわたって説法され、八十歳で涅槃された。

○お釈迦様がなくなった後は、その弟子達が教団の発展に尽力し、紀元前三世紀になるとアショーカ王（阿育王・二六八〜二三二年在位）が仏教に帰依した。

○仏教は、中央集権的統一国家を実現させたこの阿育王の支持を得て、それまでガンジス川流域の一地方の宗教にすぎなかったものが、インドの国教のような形で、王の支配していた全インドに広まった。

○南伝仏教……インド　バングラデシュ　ミヤンマー　タイなど南方諸地域に伝播

○北伝仏教……インド　パキスタン　アフガニスタン（中央アジア）中国　日本に伝播

❖経典の搬入と訳経事業

○私たち日本人にとって、古くから親しまれてきた経典は、漢文で記された経典である。漢訳の仏典ができあがるまでには、多くの仏教僧の苦心があった。

○数多くの人びとによって経典は中国へもたらされた。もたらされた大量の仏典を翻訳する仕事も、搬入に劣らぬ大事業である。言語に通じているばかりでなく、仏教思想に明るい人でなければ翻訳することが出来なかったからである。

❖仏滅後の時代区分

〔三　時〕
○正法（しょうぼう）時代（千年）教・行・証共にそなわる。
○像法（ぞうほう）時代（千年）教・行のみあって証がない。
○末法（まっぽう）時代（万年）教のみあって行・証がない。

〔五の五百歳〕仏滅後の仏教の興廃を五つの五百年に区分し説いたもの。大集経
（堅固（けんご）……仏の預言が的中し固定し、変化なく定まっていること）

一、解脱堅固………釈迦滅後第一の五百年、仏道修行するものが盛んで、解脱し悟りを開くことができた時代。
二、禅定堅固………衆生が大乗を修して禅定三昧に入り、心を静めて思惟の行に励んだ時代。
三、読誦多聞堅固……経典の読誦と説法を多く聞くことが中心に行なわれた時代。
四、多造塔寺堅固……衆生が多くの塔や寺院を造営した時代。
五、闘諍言訟・白法隠没…（我が法の中に於いて闘諍言訟し白法隠没し損減して堅固なり）

釈迦仏法の中において争いが絶ず起こり、釈尊の教え（白法）が隠没する時代。末法の時代に当たる。権実雑乱・正邪不明の世となり、三毒強盛の衆生が充満する。

インド仏跡を訪ねて・第九話

第九回・布教講演会（平成十八年十二月三日）

経住寺　古川興道

❖命のはかなさ……老少不定

○中印度　コーサラ国の属国　釈迦国　迦毘羅城（紀元前十世紀ごろ・異説あり）
父（浄飯王）・母（摩耶夫人）・太子（悉達太子）・妃（耶輪陀羅女）・子（羅ご羅）

〔お釈迦様の出家の動機〕（四門出遊）
弱った白髪の老人がよろよろ歩く。
病人が息たえだえに痩せ衰えた身体を路に臥す。
死人の屍を蓮台に置いて親族や縁者が大声をあげて泣きながら送るのを見る。
一人の沙門が姿も心も清浄でいる有様を見た。

○無常……一切の物は生滅変化して常住でないこと。
　生から死への変化がもっとも無常（はかなさ）を感じる
　命は老少不定

○冥途の旅　三途の河　閻魔王　中陰　偕老同穴

❖命の尊さ……悉有仏性

〔法華経・常不軽菩薩品第二十〕ラジギール　霊鷲山　法華経説処

「我深敬如等　不敢軽慢　所以者我　汝等皆行菩薩道　当得作仏（二十四文字の法華経）

〝私は深くあなた方を敬います。決して軽んじたり、あなどったりしません。なぜなら、あなた方は皆菩薩の道を修行すれば、必ず仏になることができるからであります。〟

○菩薩の修行　六度　六波羅蜜（迷いの此岸から悟りの彼岸に至ること）

一、布施……財施　法施　無畏施

二、持戒……一切の戒律を完全に守る

三、忍辱……迫害や災害や苦難に耐え忍ぶ

四、精進……心身共に力を尽くして五の修行をすること

五、禅定……心を一処に定めて心を乱さず真理を思惟すること

六、智慧……邪見を取り払って真実を正しく見極める智慧を得ること

○それまでの諸経典にも「成佛」は説かれているものの、九界の煩悩を断じ尽くした仏のことで、爾前方便の権仏である。

又、二乗・悪人・女人・畜生等は永遠に成佛できないと説かれている。

○法華経では生死、煩悩は生命に本然的に兼ね備える働きがあり、九界即仏界として生命は常住であると説かれている。

その法理が明確になったとともに、法華思想の体現者として不軽菩薩が説かれている。

インド仏跡を訪ねて・第十話

第十回・布教記念講演会（平成十九年四月二十二日）

経住寺　古川興道

❖女人・悪人の成仏はいかに！

〔当時の女人観〕インド　男尊女卑（キリスト教・儒教・イスラム教も男尊女卑）

○五障　女人の五つの障り、梵天王・帝釈・魔王・転輪聖王・仏身には、なれない。

○三従　女性の一生を三期に分けそれぞれに従うべき規範を示した教えで未婚の時は父母に従い、嫁いでは夫に従い、夫亡きあとは子に従う。

華厳経……「女人は地獄の使いなり能く仏種を断ず、外面は菩薩に似て内心は夜叉（猛悪なインドの鬼神）のごとし」

或経に……「三世の諸仏の眼はぬけて大地に堕つとも女人は仏になるべからず」

〔悪人の定義〕

○五逆罪　殺父・殺母・殺阿羅漢・出仏身血・破和合僧

○十悪　殺生・偸盗・邪淫・悪口・妄語・兩舌・綺語・貪欲・瞋恚・愚癡（邪見）

○謗法　仏様の教えをそしる。真実の法華経を誹謗する。

浄飯王の息子　悉達太子（釈尊）
頻婆娑羅王の息子　阿闍世王　　斛飯王の息子　提婆達多

〔成仏とは〕
法華経第十二・提婆達多品に悪人の提婆達多と八才の竜女（女人と畜生）の成仏を述べて法華経の功徳の深重を証明されている。（一切衆生悉有仏性）

❖参考

○十の精神状態（十界・十法界）

一、地獄界（じごくかい）　苦しみに満ちた状態
二、餓鬼界（がきかい）　貪欲に支配された状態
三、畜生界（ちくしょうかい）　智恵や理性のない本能に動かされる状態
四、修羅界（しゅらかい）　他人に勝ろうとする自己中心的な状態
五、人間界（にんげんかい）　平静にものを判断する状態
六、天上界（てんじょうかい）　喜びや楽しみに満ちた状態
七、声聞界（しょうもんかい）　煩悩を断じて悟りを開こうと志向する状態
八、縁覚界（えんがくかい）　仏縁や自然現象を縁として悟る状態
九、菩薩界（ぼさつかい）　他人に施す慈悲の心を持ち自行により悟りを目指す
十、仏界（ぶっかい）　万法に通達する円満自在の境地

ブッダガヤの大菩提寺（釈尊成道の地）

霊鷲山早暁の読経（釈尊法華経説法の地）

著者と鳩摩羅什像・キジル千仏洞（クチャ）

高昌故城　玄奘三蔵の説法講堂（カシュガル）

中国の仏教遺跡を訪ねて・第一話

第十一回・布教講演会（平成十九年十一月十一日）

経住寺　古川興道

❖仏教の伝播

○南伝仏教……インドからスリランカ、バングラデシュ、ミヤンマー、タイ、インドネシア、マレーシアなど、南方諸地域に伝播した仏教をいう。

○北伝仏教……インドから中央アジア、中国、朝鮮、日本へと伝播した仏教をいう。

❖漢訳の経典

○中国仏教……仏教が中国にいつ初めて伝えられたかははっきりしないが、シルクロードは、紀元前二世紀にはすでに開けており、紀元前後には、仏像や経典などが伝えられたと考えられる。

私たち日本人にとって、古くから親しまれてきた経典は、漢文で記された経典である。漢訳の仏典ができあがるまでには、多くの仏教僧の苦心があった。

まず第一に、険しい山脈や灼熱の砂漠など困難な道程を経て、経典をインドから中国へ運搬する仕事がある。

さらに、インドや西域地方の言語で記された経典を、漢文に翻訳するのも大変に困難な仕事である。

○玄奘三蔵（げんじょうさんぞう）……唐の時代、十二歳で出家した玄奘は、仏教の真意を極めるには原典を読むことが必要であると気づき、六二九年、二十九歳のときインドに向かって出発した。四年がかりで中央インドに到着、ナーランダの仏教大学で四年間修学し、その後インド各地を歴訪して、多くの困難を克服し帰国の途につき、六四五年、都の長安に戻った。
出発から帰国まで十六年もの歳月を要している。

かれの旅行記「大唐西域記」十二巻は、旅の途上の見聞するところを本として、西域並にインド諸国の風土や霊跡等を記す。

玄奘は持ち帰った経典の翻訳に明け暮れ六六四年に六四歳で没する。

唐の太宗皇帝は玄奘の為めに翻経院を建立し、玄奘は大勢の弟子達とともに訳経にいそしみ膨大な経論を訳出した。「大般若経」六〇〇巻、「大毘婆沙論」二〇〇巻
○鳩摩羅什……インド人の父とクチャ国王の妹の間に生まれた西域（中央アジア出身）の僧であり、碩学の仏教学者として有名であった。中国六朝時代（三四四年～四一三年）のことで、前秦の王、苻堅は武力をもってこの学者を迎え入れようとしたほどの人であった。

第十二回・布教講演会（平成二十年三月八日）

中国の仏教遺跡を訪ねて・第二話

経住寺　古川　興道

❖漢訳の経典

○中国仏教……仏教が中国にいつ初めて伝えられたかははっきりしないが、シルクロードは、紀元前二世紀ごろにはすでに開けており、紀元前後には、仏像や経典などが伝えられたと考えられる。

私たち日本人にとって、古くから親しまれてきた経典は、漢文で記された経典です。漢訳の仏典ができあがるまでには、多くの仏教僧の苦心がある。

まず第一に、険しい山脈や灼熱の砂漠など困難な道程を経て、経典をインドから中国へ運搬する仕事がある。さらに、インドや西域地方の言語で記された経典を、漢文に翻訳するのも大変に困難な仕事である。

❖運搬・翻訳の人……二回目

○玄奘三蔵（げんじょうさんぞう）とシルクロード

唐の時代、十二歳で出家した玄奘は、仏教の真意を極めるには原典を読むことが必要であると気づき、六二九年、二十九歳のときインドに向かって出発した。

長安（西安）→敦煌→トルファン→天山北路→アフガニスタン→パキスタン→インド

▲トルファン……高昌故城（三ヶ月滞在→説法）
▲天山北路（草原の道→突厥王の計らい　駅伝馬・通訳人→大慈恩寺三蔵祖師伝）

四年がかりで中央インドに到着、ナーランダの仏教大学で四年間修学し、その後インド各地を三〜四年かけて歴訪した。

六四五年、都の長安に戻る。その事蹟が仏教徒の内で伝説化し神聖視された痕跡が各地の石窟仏教画に残る。

インド→パキスタン→アフガニスタン→カシュガル→西域南道→長安

出発から帰国まで十六年もの歳月を要している。

かれの旅行記「大唐西域記」十二巻は、旅の途上の見聞するところをもととして、西域並にインド諸国の風土や霊跡等を記す。（十六世紀・明の時代）

❖数字のいろいろ

（中国人の好きな数字）　3，6，8，9

○ローマ数字　Ⅰ　Ⅱ　Ⅲ　Ⅳ　Ⅴ　Ⅵ　Ⅶ　Ⅷ　Ⅸ　Ⅹ

○漢数字　零　一　二　三　四　五　六　七　八　九　十

○アラビア数字　0　1　2　3　4　5　6　7　8　9　10

○六　曜　先勝　友引　先負　仏滅　大安　赤口

中国の仏教遺跡を訪ねて・第三話

第十三回・布教講演会（平成二十年七月五日）

経住寺　古川　興道

❖仏教の伝播

○南伝仏教　○北伝仏教　○チベット仏教

❖チベットについて

○チベットはヒマラヤ山脈の北側に広がる平均海抜四五〇〇㍍の「チベット高原」そのほとんどがラサを都とする独立国家であった。世界の屋根と呼ばれる高原地帯で、牧畜や農耕を生業とし、主に仏教を信仰するチベット人が六〇〇万人ほど暮らしている。現在はチベットと云う国はなく、中国の一部となっている。

❖チベット仏教について

○チベットには、有能なソンツェンガンポ王の晩年にあたる六四〇年ころに、中国とネパールの仏教がチベットに伝えられた。また仏教に基づく国作りを目ざした。

七六一年（日本では唐から鑑真が来て奈良の唐招提寺を建立したころ）次のチソンデツェン王はインドの仏教を導入し、大乗仏教（他者を利して自らが悟りを得る）を忠実に受け継ぎ、むしろ日本仏教以上にインド仏教の伝統を継承した。

七八七年にチベットでは最も由緒あるサムエ寺が完成する。経典の翻訳が始まる。

〔チベット仏教の発展〕

○九世紀の半ばになってランダル王の仏教の弾圧があったが、一〇世紀後半頃から、次第に復興の兆しが見え、アティーシャやプトンによって更に復興発展し、一四世紀には、チベット最大の宗教家ツォンカバが出現し、釈尊当時の教団に戻そうという理想を掲げ、戒律主義、独身主義を唱え、教風を改革し、教学の基礎を固めた。

○活仏ダライ・ラマ制度は、ツォンカバの弟子の時代から始まったとされ、一五世紀に第一世が誕生する。一七世紀、第五世のとき、ダライ・ラマがチベット全土に君臨するようになり、観音菩薩の化身として、以来、最近一九六〇年に中国がチベットを併合するまで、ダライ・ラマ政権が続き、第一四世ダライ・ラマはインド・ダラムサラに亡命しチベット亡命政府を樹立している。（ダライとは大海、ラマは指導者。）

❖チベット人はなぜ怒っているのか

○中国が進める漢化政策……チベット語は仏教のための言葉、学校では中国語の教育。

○パンチェン・ラマ問題（後継者問題）……ダライ・ラマの没後は中国政府の意向で。

○希少資源の収奪……「青海・チベット鉄道」の開通により天然ガス、レアメタル等の資源開発、漢民族移住の輸送力向上。

中国の仏教遺跡を訪ねて・第四話

―第十四回・布教講演会（平成二十年十一月三日）

経住寺　古川　興道

❖玄奘三蔵とシルクロード

○唐の時代（六二九年）二十九歳のとき、仏教の真意を極めるには原典を読むことが必要であると気づきインドに向って出発した。↓十六年後に帰国

西安↓河西回廊↓敦煌↓ハミ↓トルファン↓
- 天山北路↓インド
- クチャ↓天山北路↓インド

❖クチャ（亀茲国）について

○天山南路の中核のオアシス都市、天山山脈からの雪どけ水で農業は豊かで、近くの山からは鉱物資源が採掘される。天山山脈を突っ切ってイーニンやアルタイへと、又西へのカシュガル、更にタクマラカン砂漠を縦断してホータンへの要衝である。

○亀茲国と呼ばれていた四世紀前後は、天山南路に於いて歴史上もっとも仏教が栄えた。現在のクチャ（庫車）一帯は仏教寺院や僧侶がひしめきあう仏教王国であった。

○キジル石窟（キジル千仏洞）クチャから西へ七十キロ、一七〇〇年代にドイツ人によって発見された。中国で最も古い石窟で、三世紀中頃には仏教が伝わった。天人飛翔の壁画、顔は赤色であったが顔料が変色

して黒くなっている。天人の衣の青色は千五百年たったいまでも美しく輝いている。この顔料がラピスラズリでアフガニスタンでしかとれなかった。中国、日本には瑠璃と呼ばれる。

❖羅什三蔵（鳩摩羅什・くまらじゅう）

○日本の仏教にとって、玄奘三蔵よりも絶大な影響を与えた僧侶

翻訳経典　法華経　般若経　阿弥陀経　大智度論　ほか三百巻

○誕　生（三四九年〜四〇九年没）

父→鳩摩羅炎（インドのある国の大臣の息子→聡明→出家、亀茲国王は国師として迎える→王命によって還俗）

母→耆婆（亀茲国王の妹→聡明・美人・赤いアザ→賢い子を産む）

❖今日の仏教用語

○涅槃……悟りのこと、一切の煩悩や苦しみを永遠に断じ尽くした境地。滅度・解脱

○三趣……地獄界・餓鬼界・畜生界。（修羅・人間・天上・声聞・縁覚・菩薩・仏）

○六度……菩薩が悟りを得るために修行しなければならない六種の修行のこと。

布施・持戒・忍辱・精進・禅定・智慧

○般若……智慧のこと（邪見を取り払って真実を正しく見極めること）

❖忘己利他（もうコリタ）を実践しよう（ぼうコリタが正しいが憶えるため）

○「己を忘れて、他を利するは、慈悲の極みなり」伝教大師（最澄）

中国の仏教遺跡を訪ねて・第五話

第十五回・布教講演会（平成二十一年三月八日）

経住寺　古川　興　道

❖シルクロードについて

上海↓カシュガル六千キロ・列車とバスの旅
西安↓敦煌↓トルファン↓クチャ↓カシュガル↓ローマ（中央ルート・天山南路）

❖クチャ（亀茲国）について

日本の仏教にとって、玄奘三蔵よりも絶大な影響を与えた僧侶・鳩摩羅什三蔵の出身地である。地理的に好位置にあり、天山南路で仏教が一番栄えた国。

法華経・阿弥陀経・般若経・大智度論等を翻訳した方である。

❖般若心経について

○般若心経とは
○般若経とは
○六度について
○般若とは
○色即是空　空即是色とは

❖釈尊一代五時の説法（天台大師が経典をシステム化した）

華厳時　華厳経　二十一日間の説法　仏陀の自証を端的に表現　擬宜（ぎぎ）
阿含時　阿含経　十二年間　小乗の教え　誘引（ゆういん）
方等時　方等経　十六年間　大乗の教え　弾呵（だんか）
般若時　般若経　十四年間　智慧をもって迷いを断ち理を悟る　淘汰（とうた）
法華時　法華経　八年間　釈尊出世の本懐　仏道の本義

○六度（波羅蜜）此岸（迷い）から彼岸（悟り）へわたる大乗の菩薩の修行
一、布施、二、持戒・三、忍辱・四、精進　五、禅定
六、智慧……邪見を取り払って、真実を正しく見極める

○法華経には
「諸仏智慧。甚深無量。其智慧門。難解難入。（中略）唯仏与仏。乃能究尽。」

諸仏の智慧は甚だ深くて無量である。その智慧の門は解し難く、入り難い。

唯、仏と仏のみが能く究尽する。

●以信得入（信を以って入ることを得る）
●以信代慧（信を以って智慧に代える）

第十六回・布教講演会（平成二十一年七月五日）

中国の仏教遺跡を訪ねて・第六話

経住寺　古川興道

○問題　日蓮、法然、親鸞に関係あるものを選んでその記号を（）に書いて下さい。

日蓮（・・）1　浄土真宗　イ　選択集　A　一二二二～一二八二年
法然（・・）2　法華宗　ロ　教行信証　B　一一三三～一二一二年
親鸞（・・）3　浄土宗　ハ　立正安国論　C　一一七三～一二六二年

❖シルクロードについて

西安→敦煌→トルファン→クチャ→カシュガル→ローマ（中央ルート）

上海→カシュガル六千キロ・列車とバスの旅

❖クチャ（亀茲国）について

日本の仏教にとって、玄奘三蔵（六〇二～六六四年）よりも絶大な影響を与えた僧侶・鳩摩羅什三蔵の出身地。地理的に好位置にあり、天山南路で仏教が一番栄えた国。玄奘三蔵は東より西に経典を求め、鳩摩羅什は西より東へ経典を渡す。

❖鳩摩羅什（くまらじゅう）（羅什三蔵）　（三四九～四〇九年）異説あり

父　鳩摩羅炎《くまらえん》（インドのある国の大臣の息子→聡明→出家、亀茲国王は国師として迎える→王命によって還俗）

母　耆《ぎ》婆《ば》（亀茲国王の妹→聡明・美人・赤いアザ→賢い子を産む）

○翻訳経典　法華経　般若経　阿弥陀経　大智度論　ほか三百巻

❖浄土思想と法華思想　→すべての人が幸せになれる・貴方はどっち？

○浄土思想→厭離穢土《おんりえど》・欣求浄土《ごんぐじょうど》（往生要集）

穢土を厭離し、浄土を欣求す。（この娑婆世界を穢れた国土として、それを厭い離れ、西方極楽浄土によろこびを求める）

△厭世思想・往生成仏

○法華思想→此土有縁《しどうえん》（娑婆世界に縁有り）

法華経に云わく「今此の三界は皆是れ我が有なり。その中の衆生は悉く是れ吾が子なり。而も今此の処は諸の患難多し。唯我れ一人のみ能く救護を為す」

△娑婆即浄土・即身成仏

第十七回・布教講演会（平成二十一年十月四日）

中国の仏教遺跡を訪ねて・第七話

経住寺　古川　興　道

○問題　左の人名に関係あるものを選んでその記号を（）に書いて下さい。

玄奘三蔵（・・）1　南インド　イ　色即是空　A　七世紀頃
竜樹菩薩（・・）2　クチャ　ロ　西遊記　B　四世紀頃
鳩摩羅什（・・）3　トルファン　ハ　大智度論　C　二～三世紀頃

❖シルクロードについて

西安→敦煌→トルファン→クチャ→カシュガル→ローマ（天山南路）

❖鳩摩羅什（くまらじゅう）（羅什三蔵）

父　鳩摩羅炎《くまらえん》・母　耆婆《ぎば》

七歳の時、仏教に熱意を持っていた母と共に出家。

九歳の時、母と共にカシュガル、パミール高原を越えてインドへ仏教の勉強に旅立つ、原始仏教や部派仏教（保守的→小乗仏教）を極める。

十三歳～　インドよりの帰り、カシュガルで須梨耶蘇摩に会い大乗仏教に転向、主に中観派（竜樹）の論書を研究。

二十歳、　亀茲国にて正式の僧侶となる。

三十五歳～亀茲国が漢民族に支配され長安に帰る途中に政変があり十七間、涼州に留まり、無為の時間を
過ごすが、中国の古典や漢語をマスターする。

五十二歳～長安に至る。皇帝の仏教による国家統治のため、経典の翻訳を命ぜらる。

六十九歳、寂（翻訳経典　法華経　般若経　阿弥陀経　大智度論　ほか三百巻）

❖小乗仏教と大乗仏教の特徴

○小乗仏教　○大乗仏教
紀元前五世紀　紀元前一世紀
保守的　進歩的
説一切有部　空
法の重視　仏の慈悲
出家修行者　在家信者
利己的。独善的　利他行（菩薩）
南伝仏教　北伝仏教

◎大乗・小乗の対立と法華経
小乗と大乗とが対立的な関係に立つ時代を経過する中で、「法華経」はすべてのものが成仏できることを「一乗」の教えでもって主張、力説する経典であり、仏の慈悲が大慈悲のゆえに、大乗の人だけでなく小乗の人にも成仏が及ぶと解き明かす。

中国の仏教遺跡を訪ねて・第八話

第十八回・布教講演会（平成二十二年二月二十一日）

経住寺　古川　興道

○問題　世界の三大宗教とは　ヒンズー教　ユダヤ教　仏教　キリスト教　儒教　イスラム教

❖シルクロードについて

西安↓敦煌↓トルファン↓クチャ↓カシュガル↓ローマ（天山南路）

❖天台大師（てんだいだいし）について

十八歳で出家し、南岳大師に学び、五七五年からは浙江省の天台山に登り天台教学を確立した。

中国天台宗の実質的な開祖である。智顗（ちぎ）とも智者大師とも呼ばれる。

日本天台宗の開祖は最澄（伝教大師）である。忘己利他の精神

鳩摩羅什（三四九年～四〇九年）法華経　般若経　阿弥陀経等三百巻を訳す。

天台大師（五三八年～五九七年）五千巻とも七千巻とも云われるお経の仕分け。

玄奘三蔵（六〇二年～六六四年）仏教の真意を極めるには原典を読まねばとインドへ。

❖お経の仕分け（その一）・五時による

		説法の場所	説法の期間	その経典	経典のレベル	方法	宗派
第一時	華厳時	マカダ国 仏陀伽耶 菩提樹の下	三七日間 （二十一日）	華厳経	般若経より上 法華経より下 バラモン教破折	擬宜《ぎぎ》	華厳宗
第二時	阿含時	ハラナ国 鹿野苑	十二年間	阿含経	初歩の教え 小乗教 二乗の人たち	誘引《ゆういん》	倶舎宗 成実宗 律宗
第三時	方等時	各所	十六年間	阿弥陀経 大日経 楞伽経	広く説く 大乗教 小乗の破折	弾呵《だんか》	浄土宗 真言宗 禅宗
第四時	般若時	マカダ国 霊鷲山 白露池	十四年間	摩訶般若 光讃般若 金剛般若	他力依存を自己 の智慧の完成 大乗教	淘汰《とうた》	三論宗
第五時	法華時 （涅槃時）	マカダ国 霊鷲山 虚空世界 （クシナガ ラ・沙羅林）	八年間 （一日一夜）	無量義経 法華経 観普賢経 （涅槃経）	実大乗教 一仏乗 出世の本懐 （法華経の補てん）	開会《かいえ》	日蓮宗 天台宗 日蓮正宗

中国の仏教遺跡を訪ねて・第九話

第十九回・布教講演会（平成二十二年五月二十三日）

経住寺　古川　興道

○問題　奈良・東大寺の大仏は何という仏様か
1、釈迦如来　2、阿弥陀如来　3、毘盧遮那仏　4、薬師如来　5、多宝如来

❖シルクロード鉄道について

○シルクロード特快……上海↓西安↓敦煌↓トルファン↓ウルムチ　4077km
○南疆鉄道…………ウルムチ↓トルファン↓クチャ↓カシュガル　1588km

❖天台大師のお経の仕分け・(化法の四教による)

化法の四教とは

蔵教……経・律・論の三蔵教の略。
万物は実有であるから、これを打ち破って空理を悟れという折空観を教える。

通教……蔵教と別教に通じる教え。大乗の初門。
万有は一切実体はなく、すべてが空であるからこれを打ち破る必要はなく、万有を直ちに空虚と

する体空観を教える。

別教……前の蔵・通二経や後の円教と違い、菩薩のみに別に説かれた教え。
非空非有の中道の理を立てて教理はだんだんと深められたが、しかし別教で説かれる中道の理は
空仮中の三諦が互いに相隔てて融合していなかった。

円教……円教は前の三教とは全然教法を異にして、少しも方便を用いず、仏の悟りをそのまま率直に説法
せられた、仏教中最上位の教えである。
空仮中の三諦は相融通し、円満自在の現象即実在論の完成した教え。

○参考

「空諦」とは、あらゆる存在に固定した実体がないことをいう。

「仮諦」とは、あらゆる存在は因縁によって、仮りにその姿が現れている。

「中諦」とは、あらゆる存在は空でもなく仮でもなく、しかも空であり仮であるという、空・仮の二辺を超
越したところをいい、ここに普遍の真実があるとする。

仏教伝来（一）

第二十回・布教記念講演会（平成二十二年十一月二十一日）

経住寺　古川　興道

質問……水・火・空気のうち、宗教的なのは何だと思いますか。

❖仏教伝来・一

○南伝仏教　インド→スリランカ→ミヤンマー（ビルマ）→タイ
○北伝仏教　インド→シルクロード→中国→朝鮮半島→日本
○「ブッダ・大いなる旅路」（ＤＶＤ鑑賞）

❖仏教伝来・二

○欽明天皇（五〇九～五七一年）第二十九代
百済国の聖明王より仏像・経巻を賜る　五三八年（仏教公伝）
物部氏（排仏派）と蘇我氏（崇仏派）の対立
○聖徳太子（五七四～六二二年）（推古天皇三十三代）
排仏派の物部守屋を倒した蘇我馬子と協調し、遣隋使を派遣し大陸文化を取り入れ仏教を厚く信仰した。
十七条の憲法（二に曰く、篤く三宝を敬え。三宝とは仏、法、僧なり）

○聖武天皇（七〇一～七五六年）第四十五代

仏教に深く帰依し、国分寺・国分尼寺を建立し、東大寺も建立。

天皇の遺愛品を光明皇后が東大寺に寄付、正倉院が建つ。

奈良・遷都千三百年（二〇一〇年）正倉院展に螺鈿紫檀五弦琵琶展示。

❖日本人の信仰観（一）

○日本の人口→一億二千万人　宗教人口→二億一千万人（文科省）

○日本人は宗教大好き　宗教音痴

○宗教の必要性

❖日本人の信仰観（二）

○ユダヤ教・キリスト教・イスラム教→　契約宗教

○ヒンズー教・神道　→　所属宗教

○仏　教　→　自覚宗教

▲仏教→法華経　譬喩品《ひゆほん》第三

「今此三界　皆是我有　其中衆生　悉是吾子」仏の慈悲を自覚

（今此の三界は、皆是れ我が有なり、其の中の衆生は　悉く吾が子なり）

仏教伝来（二）

第二十一回・布教講演会（平成二十三年三月二十七日）

経住寺　古川　興道

質問……人間の死生観についてどうお考えですか。
一、誕生から臨終までで全て終り。
二、亡くなればあの世があると思う。
三、おそらく過去があり、現在があり、来世がある。よって生命は永遠である。

△世の中はなにかつねなる飛鳥川、昨日の淵ぞ今日は瀬になる（古今和歌集）
△シルクロードＤＶＤ　長安→炳霊寺石窟→鳴沙山と月牙泉

❖仏教伝来

○欽明天皇（五〇九～五七一年）第二十九代
百済国の聖明王より仏像・経巻を賜る。五三八年（仏教公伝）
○聖徳太子（五七四～六二二年）（推古天皇三十三代）
遣隋使を派遣し大陸文化を取り入れ仏教を厚く信仰した。
十七条の憲法（二に曰く、篤く三宝を敬え。三宝とは仏、法、僧なり）
○聖武天皇（七〇一～七五六年）第四十五代

仏教に深く帰依し、国分寺・国分尼寺を建立、又東大寺も建立し、「三宝の奴」と云われる。

（南都六宗）

奈良時代、平城京を中心に栄えた仏教の六つの宗派→奈良仏教ともいう。

◎宗派　◎開祖　◎寺院　◎教義

▼法相宗・道昭　興福寺・薬師寺　（唯識）

▼倶舎宗・道昭　東大寺・興福寺　（説一切有部）法相宗の付宗

▼三論宗・恵潅　東大寺南院　（中論・十二門論・百論）

▼成実宗・道蔵　元興寺・大安寺　（成実論）三論宗の付宗

▼華厳宗・良弁　東大寺　（華厳経）

▼律宗　・鑑真　唐招提寺　（四分律）

南都六宗は、宗派と云うよりはお互いに教義を学び合う学派のようなものである。

（平安二宗）　▼天台宗・最澄（伝教大師）　▼真言宗・空海（弘法大師）

（鎌倉新宗）　▼禅宗・栄西、道元　▼浄土宗・法然　▼法華宗・日蓮

❖篤く三宝を敬之（聖徳太子）

仏宝……仏の悟りを開かれた方を敬う。

法宝……仏の悟りを開かれた方の教えを敬う。

僧宝……仏の説かれた教えを伝える人を敬う。

仏教伝来（三）

第二十二回・布教講演会（平成二十三年七月三十一日）

経住寺　古川興道

❖仏教伝来

○欽明天皇（五〇九〜五七一年）第二十九代

百済国の聖明王より仏像・経巻を賜る　五三八年（仏教公伝）

○聖徳太子（五七四〜六二二年）（推古天皇三十三代）

遣隋使を派遣し大陸文化を取り入れ仏教を厚く信仰した。

聖徳太子没後、まもなく三論宗が伝わり、ついで法相宗が伝わった。この両宗に付随して成実宗、倶舎宗が伝えられたが、この二宗は三論・法相を学ぶための補助的な学問宗派にすぎなかった。奈良時代になって華厳宗と律宗が伝えられた。

○聖武天皇（七〇一〜七五六年）第四十五代

国家の安泰と五穀豊饒を祈るために全国に国分寺・国分尼寺を建立、更にこれらを統括する総国分寺として東大寺を建立。全国的に律令体制が確立されるにともない僧尼令が布かれ、仏教も国の統治機構の中に組み入れられていった。

❖南都六宗　奈良時代、平城京を中心に栄えた仏教の六つの宗派
◎宗派　◎開祖　◎寺院　◎教義
▼法相宗・道昭　興福寺・薬師寺　（唯識）
▼倶舎宗・道昭　東大寺・興福寺　（説一切有部）法相宗の付宗
▼三論宗・恵潅　東大寺南院　（中論・十二門論・百論）
▼成実宗・道蔵　元興寺・大安寺　（成実論）三論宗の付宗
▼華厳宗・良弁　東大寺　（華厳経）
▼律宗　・鑑真　唐招提寺　（四分律）
南都六宗は、宗派と云うよりはお互いに教義を学び合う学派のようなものである。
（平安二宗）▼天台宗・最澄（伝教大師）▼真言宗・空海（弘法大師）

○前回の質問……人間の死生観についてどうお考えですか。（七十名にアンケート）
一、誕生から臨終までで全て終り。　九名
二、亡くなればあの世があると思う。　七名
三、過去があり、現在があり、来世がある。よって生命は永遠である。五十四名

❖仏教の三世（過去・現在・未来）観
▲法華経・薬草喩品第五
現世安穏　後生善処（現世は安穏にして、後に善処に生ず）
法華経を信受する衆生の三世にわたる福徳を説いたもの

仏教伝来（四）

第二十三回・布教講演会（平成二十三年十一月二十七日）

経住寺　古川興道

質問……「困った時の神だのみ」について

一、そういう経験をしたことがある。（おがみや・占い・新興宗教）
二、そういう事は信じていない。
三、自分の信じている宗派の仏様に祈る。

❖仏教公伝

○欽明天皇（五〇九～五七一年）第二十九代
百済国の聖明王より仏像・経巻を賜る。五三八年（仏教公伝）
○聖徳太子（五七四～六二二年）（推古天皇三十三代）
遣隋使を派遣し大陸文化を取り入れ仏教を厚く信仰した。
○聖武天皇（七〇一～七五六年）第四十五代
仏教に深く帰依し、国分寺・国分尼寺を建立、東大寺も建立。

❖南都六宗

奈良時代、平城京を中心に栄えた仏教の六つの宗派→奈良仏教ともいう。

▼法相宗・倶舎宗・三論宗・成実宗・華厳宗・律宗

❖平安二宗

日本仏教の大勢が奈良仏教から平安仏教へと転換していく宗派としての二宗。

	宗派	生年・没年	誕生・天皇	入唐・帰朝	諡号
最澄 比叡山	天台宗 顕教 五時八教 法華経	七六五年生 十二歳出家 八二二年没 五六歳	滋賀県 大津市 桓武天皇 七八一～八〇六	八〇四年七月 入唐三九歳 八〇五年五月 帰朝・神戸	伝教大師 八六六年 清和天皇
空海 高野山	真言宗 密教 秘密仏教 大日経	七七四年生 二十歳出家 八三五年没 六二歳	香川県 善通寺市 嵯峨天皇 八〇九～八二三	八〇四年七月 入唐三十歳 八〇六年十月 帰朝・太宰府	弘法大師 九二一年 醍醐天皇

❖鎌倉新宗　次回

▼禅宗・栄西、道元　▼浄土宗・法然　▼法華宗・日蓮

仏教伝来（五）

第二十四回・布教講演会（平成二十四年三月四日）

経住寺　古川　興道

質問……皆さんの心の中が映し出されるとしたら。
一、とても見せられるようなものではない。
二、恥ずかしい部分と自慢の部分とがあるが見せられない。
三、恥ずかしい部分があるが見てもらってもよい。

❖仏教伝来

○仏教公伝　欽明天皇・第二十九代　五三八年　百済の聖明王より仏像、経巻賜る。
○南都六宗　奈良時代、平城京を中心に栄えた仏教の六つの宗派
　法相宗・倶舎宗・三論宗・成実宗・華厳宗・律宗
○平安二宗▼天台宗・最澄（伝教大師）▼真言宗・空海（弘法大師）
日本仏教の大勢が奈良仏教から平安仏教へと転換していく宗派としての二宗。

❖鎌倉新宗（三宗）

平安仏教に総合的に包含されていた一つの行や宗を選び取り、それにこだわり続け、それが唯一の仏教の立場であるという主張を行った。

宗派	開祖	教義	著書	経典	中国の師
禅宗	臨済宗栄西 曹洞宗道元	不立文字 教外別伝 只管打座	正法眼蔵	金剛般若経 一切経・法華経	虚庵懐敞 如浄禅師
浄土宗	法然	聖道門浄土門 正行　雑行 西方極楽浄土	選択集	浄土三部経	善導和尚
法華宗	日蓮	久遠実成 即身成仏 娑婆世界	立正安国論	法華経	天台大師

❖十法界

○法華経・第十九（二十八品の内）・法師功徳品に説かれる。

○天台大師・摩訶止観に「夫れ一心に十法界を具す」

一、地獄界　自分の意志に違う者を怒り憎み憤る性格。

二、餓鬼界　所有欲に目がくらみ欲望に支配される性格。

三、畜生界　理非がなく、倫理・道徳をわきまえない性格。

四、修羅界　他人の善根を憎んであらそい、或いはへつらう。

五、人間界　平和に暮らすことをのぞんでいる。

六、天上界　喜びの状態、欲心を離れる境涯。

七、声聞界　学ぶ状態を云う、しかし自分だけの安泰をねがう。

八、縁覚界　物事の道理を知り、無常であることを悟る。

九、菩薩界　自己の完成に励むと共に他人の安楽をねがう。

十、仏　界　生命の永遠性をさとり、公正無私となる。

仏教伝来（六）

第二十五回・布教講演会（平成二十四年七月八日）

経住寺　古川　興道

質問……「三国一の花嫁さん」の〝三国〟とは

一、江戸・浪速・京都　二、日本・中国・インド　三、日本・アメリカ・イギリス

❖仏教伝来

○仏教公伝　欽明天皇・第二十九代　五三八年　百済の聖明王より仏像、経巻賜る。

○南都六宗　法相宗・倶舎宗・三論宗・成実宗・華厳宗・律宗

○平安二宗　▼天台宗・最澄（伝教大師）　▼真言宗・空海（弘法大師）

○鎌倉三宗　禅宗・浄土宗・法華宗（日蓮宗）

❖寺院経営の変遷

○飛鳥時代……仏教は有力者の信仰の対象となり、天皇や有力者が寺院を建立しそれらが寺院を支援した。
支援者（檀越）が檀家の源流。

○平安時代……寺院が所領を持つようになり有力寺院の収入源は檀越の布施。鎌倉時代から荘園収入に変わり、また檀越に依存しない政治的な権力を室町時代から持つようになる。
室町時代の応仁の乱（一四六七年～一四七七年）以降は荘園制の崩壊により無くなる。

分派して新しく登場した宗派は一般民衆を対象として勢力を伸ばし、一般人の布施によって成り立っていた。

❖檀家制度　（寺請制度）

○檀家制度は江戸時代の徳川幕府の宗教政策で、西欧からの侵略と封建社会の秩序を乱す可能性があると判断されたキリスト教を弾圧するために、一六三五年に始まり、人々は信仰の有無にかかわらず、家単位で強制的に寺院の信者にさせられた。
○檀家制度における寺院の役割は、人々の結婚や就職、旅行や転居などをする際に、キリスト教の信者ではなく仏教徒であることを証明する寺請証文を発行することであった。
○檀家制度によって生じた寺院の強権的な立場は、檀家から際限なき収奪が可能となり、また僧侶の乱行というような問題も生じさせ、それらの批判は江戸時代初期からあり、そのまま明治維新の廃仏毀釈運動まで続いていた。
○現代は、寺請制度は廃止されたが檀家制度は、寺墓や家人の葬儀、先祖の年忌法要といった儀礼で寺と檀家はつながっている。

法華経に学ぶ（一）

第二十六回・布教講演会（平成二十四年十一月十七日）

経住寺　古川　興道

質問……「風が吹けば桶屋がもうかる」とは

❖法華経について　正式には妙法蓮華経

○サンスクリット語（古代インドの言葉）

サツ、ダルマ、フンダリーキャ、スートラ

清らかな、白い蓮の華の、お経

○鳩摩羅什三蔵が中国語に漢訳

サツ（妙）、ダルマ（法）、フンダリーキャ（蓮華）、スートラ（経）

妙法……尊い教え　蘇生（生まれ変わる）のお経。

蓮華……泥沼の中より清らかな花を咲かせる。濁った娑婆世界でも清らかに生きていけるし、又幸せを得られる。

経……教えをまとめた書物。

❖法華経の特徴

○一部八巻二十八品　六万九千三百八十四文字
〔説法の場所〕マカダ国・王舎城東北・ラージギル・小高い山
（ニューデリーから特急で10時間・バスで3時間）
二処（霊鷲山・虚空→大空）
三会（前霊山会・虚空・後霊山会）→説法のための集会

〔お釈迦様の滅後区分〕
正法　→お釈迦様が亡くなって千年の間
像法　→お釈迦様が亡くなって千年から二千年の間
末法　→お釈迦様が亡くなって二千年以後（鎌倉時代より以降）

〔説法の方法〕
随他意　人の心に従っての説法→対機説法（五十年間のうち四十二年間）
随自意　仏様の是れだけは言って残したい自らの説法（晩年の八年間）

〔日本で最初に説かれた法華経〕
聖徳太子　三経（法華経・勝鬘経・維摩経）義疏（解説書）
十七条憲法の基本理念→人々を正しく導こうとされた。
国分寺・国分尼寺（法華寺→女人成仏）

第二十七回・布教講演会（平成二十五年三月三日）

経住寺　古川　興道

法華経に学ぶ（二）

質問……次の鳥と関係のあるものをイ～ニから選んで下さい。

1、ホトトギス　2、コノハズク　3、ウグイス　4、九官鳥

イ、仏法僧　ロ、法華経　ハ、南無妙法蓮華経　ニ、本尊懸けたか

❖法華経について　正式には妙法蓮華経

○サンスクリット語（古代インドの言葉）を鳩摩羅什三蔵が中国語に漢訳

サツ（妙）、ダルマ（法）、フンダリーキャ（蓮華）、スートラ（経）

清らかな、白い蓮の華の、お経

○一部八巻二十八品　六万九千三百八十四文字

○〔説法の場所〕→資料参照

旧　マカダ国・王舎城東北・ラージギル・小高い山

現　インド北東部・ビハール州・ラージギル

❖法華経の教え

☆諸法実相（法華経方便品第二）あらゆる存在はそのままが真実の姿である。
難解之法、唯仏与仏、乃能究盡、諸法実相、所謂諸法、如是相、如是性、……。

★諸法空相（般若心経）あらゆる存在は無常（実体の無い）なものである。
色即是空、空即是色、受想行識、亦復如是、舎利子、是諸法空相、……。

権教（諸経）・方便・空相・生きる・義務（お金→先）・凡夫	
難解之法	実教（法華経）・真実・実相・生かされる・感謝（お金→後）・凡夫即仏

❖法華経の効能→功徳

日蓮大聖人云く
「法華経と申すは一切衆生を仏になす秘術まします御経なり、所謂地獄の一人・餓鬼の一人・乃至九界の一人を仏になせば、一切衆生皆仏になるべきことわり顕る。譬えば竹の節を一つ破りぬれば余の節また破るるが如し。法華経も又此の如し。」

第二十八回・布教講演会（平成二十五年七月七日）

経住寺　古川　興道

法華経に学ぶ（三）

質問、左記の旅路を楽しみたいと思う順に番号を記して下さい。

イ、ひだじ　ロ、いせじ　ハ、よみじ　ニ、のとじ

❖法華経について　正式には妙法蓮華経

○サンスクリット語（古代インドの言葉）を鳩摩羅什三蔵《くまらじゅうさんぞう》が中国語に漢訳
サツ（妙）、ダルマ（法）、フンダリーキャ（蓮華）、スートラ（経）
清らかな、白い蓮の華の、お経

○一部八巻二十八品　六万九千三百八十四文字

❖**法華経のＴＰＯ**　→法華経が一番始めに広まる国は？（宗教《しゅうきょう》の五綱《ごこう》）

Ｔ（時→時代）在世《ざいせ》　正法《しょうぼう》　像法《ぞうほう》　末法《まっぽう》

Ｐ（場所→国）インド　中国　日本

Ｏ（場合→教法流布の前後）外道《げどう》　小乗経《しょうじょうきょう》　大乗経《だいじょうきょう》　実大乗経

（機→能力）▼利根（本已有善《ほんいうぜん》）▼鈍根（本未有善《ほんみうぜん》）

（教）▲内外相対《ないげそうたい》▲大小《だいしょう》相対▲権実《ごんじつ》相対▲本迹《ほんじゃく》相対▲種脱《しゅだつ》相対

❖**法華経の効能→功徳**

日蓮大聖人云く

「法華経を信ずる人は冬のごとし、冬は必ず春となる、いまだ昔よりきかずみず、冬の秋とかえれる事を、いまだきかず法華経を信ずる人の凡夫となる事を、経文には『若し法を聞く者あらばひとりとして成仏せざる無し』とかかれて候。」

経文→方便品第二

「若有聞法者《にゃくうもんぼうしゃ》　無一不成仏《むいちふじょうぶつ》」

若し法を聞く者有らば、一《ひと》りとして成仏せざる無し

法華経に学ぶ（四）

第二十九回・布教講演会（平成二十六年七月六日）

経住寺　古川興道

質問……「情けは人の為ならず」の本来の意味はどちらでしょうか。

一、人に尽くした親切はいつかはめぐりめぐって自分にかえってくるもの。
二、人に情けをかけると相手を甘やかすことになってよくないこと。

質問……「人に尽くした親切の過去の時間的計算」は、
イ、因となる「情け」は生まれたときからか。
ロ、因となる「情け」は前の世からか。
（因というのは行動、行い、業）

❖**法華経について**　正式には妙法蓮華経
○サンスクリット語（古代インドの言葉）を鳩摩羅什三蔵が中国語に漢訳。
サツ（妙）、ダルマ（法）、フンダリーキャ（蓮華）、スートラ（経）
清らかな、白い蓮の華の、お経
○一部八巻二十八品　六万九千三百八十四文字

❖法華経の精神の一つ　因果応報・老少を大事に等

伝教大師の言葉「年配者を敬い　幼少者を可愛がる」

○鳩鴿三枝　鳩は一般のハト、鴿はいえバト。小鳩は親鳥よりも三枝下がって止まる。

○川獺祭魚　川獺は魚を食って生きているのですみかの近くに魚の獲物を置くのが祭のように見える。

先祖に供物を祭るように見える→先祖を大切にする。

❖法華経に登場する人物像

☆鬼子母神・十羅刹女（陀羅尼品第二十六）

❖法華経の効能→功徳

日蓮大聖人云く

「法華経は女人の御ためには暗きに・ともしび・海に船・

おそろしき所には・まもりと・なるべきよし・ちかわせ給へり、」

法華経・薬王菩薩本事品第二十三

「如渡得船《にょととくせん》　如病得医《にょびょうとくい》　如暗得燈《にょあんとくとう》　此法華経《しほけきょう》　亦復如是《やくぶにょぜ》」

（渡りに船を得たるが如く、病に医を得たるが如く、暗に燈を得たるが如く、此の法華経も亦復是の如く）

第三十回・布教講演会（平成二十七年七月五日）

法華経に学ぶ（五）

経住寺　古川興道

質問……「袖すりあうもたしょうの縁」の「たしょう」の漢字は。

一、多少　　二、他生　　三、多生

❖法華経について　正式には妙法蓮華経

○サンスクリット語（古代インドの言葉）を鳩摩羅什三蔵が中国語に漢訳

サツ（妙）、ダルマ（法）、フンダリーキャ（蓮華）、スートラ（経）

清らかな、白い蓮の華の、お経

○一部八巻二十八品　六万九千三百八十四文字

❖法華経に登場する人物像

☆不軽菩薩（常不軽菩薩品第二十）

☆薬王菩薩（薬王菩薩本事品第二十三）

☆観音菩薩（観世音菩薩普門品第二十五）

❖法華経と他経の違い

天台大師（中国・五三八年～五九七年）隋時代

教相判釈

八万四千の聖教

五千・七千の経巻

権教（方便）

○四十二年間

△四時（華厳経・阿含経・方等経・般若経）

☆歴劫修行（男子菩薩のみ↓六度の修行

二乗・女性・悪人・畜生は不成仏）

実教（真実）

○八年間

△五時（法華経）

☆即身成仏（一切衆生がその身そのままで成仏）

❖法華経の効能↓功徳

日蓮大聖人云く

「夫れ病に二あり。一には軽病、二には重病。重病すら善医に値ひて急に対治すれば命なお存す。如何に況んや軽病をや。業に二あり。一には定業、二には不定業、定業すら能く能く懺悔すれば消滅す。如何に況んや不定業をや。法華経第七に曰く『此の経はすなわちこれ閻浮提の人の病の良薬なり』等云々。」

法華経に学ぶ（六）

第三十一回・布教講演会（平成二十八年七月二四日）

経住寺　古川興道

質問一……「皆さんが檀家寺院に所属している理由」とは。
一、代々所属している。二、法（教え）が正しい。三、住職が好き。
質問二……「皆さんのお骨の行き場所」は。
一、お墓がある。二、お墓がないので建てる。三、どうするか悩でいる。

❖法華経について　正式には妙法蓮華経
○サンスクリット語（古代インドの言葉）を鳩摩羅什三蔵が中国語に漢訳
サツ（妙）、ダルマ（法）、フンダリーキャ（蓮華）、スートラ（経）
清らかな、白い蓮の華の、お経
○一部・八巻・二十八品・六万九千三百八十四文字

❖法華経の二大要品
迹門（第一～第十四）……方便品第二
諸法実相→十界→一念三千→一切衆生皆成仏道の理論

十界↓地獄・餓鬼・畜生・修羅・人間・天上・声聞・縁覚・菩薩・仏

本門（第十五～第二十八）……如来寿量品第十六

仏の寿命が無量である↓仏の永遠の生命↓衆生も永遠の生命

仏の始成正覚（迹門）を破る

○仏教を信ずる大事

1、因縁を信ずること（原因・縁・結果）

2、仏性が我が身に存在することを信ずること（一切衆生悉有仏性）

3、三世を信ずること（過去・現在・未来）

❖「南無妙法蓮華経の優秀性」

○日蓮大聖人曰く

「仏の御意は法華経なり、日蓮がたましいは南無妙法蓮華経にすぎたるはなし」

又曰く

「今末法に入りぬれば余経も法華経もせんなし、但南無妙法蓮華経なるべし、（中略）此の南無妙法蓮華経に余事をまじへば、ゆゆしきひが事なり、」

日蓮大聖人が唱えた南無妙法蓮華経の題目は、末法において、釈尊の説かれた法華経よりも、その優秀性を宣言された。

第１回布教記念講演会・大ホール

アスト津・正面

参加者、会場風景

会場入口・案内看板

大寒や一書にこめて道ただす

（継命新聞平成三十年二月一日号　掲載俳句）

著者略歴

古川興道　（ふるかわ　こうどう）

昭和20年8月8日（1945年）　香川県三豊市、讃岐本門寺塔中泉要坊に生まれる
昭和30年8月（1955年）　泉要坊にて古川慈雄を師匠として出家得度
昭和39年4月（1964年）　立正大学入学　国立・大宣寺在勤
昭和43年3月（1968年）　立正大学卒業　総本山大石寺在勤
昭和44年6月（1969年）　三重県津市、経住寺住職
昭和53年より（1978年）　創価学会の誤りに対し覚醒運動を始める
昭和55年7月（1980年）　正信会結成に参加
昭和57年8月（1982年）　宗務院より不当擯斥処分
平成7年4月（1995年）　正信会副議長　11年3月まで
平成15年4月（2003年）　正信会副議長　19年3月まで
平成24年1月（2012年）　正信会議長就任
平成29年3月（2017年）　正信会議長退任
平成31年6月（2019年）　経住寺住職在任50年

日蓮正宗　正信会の正当

平成30年1月31日　　初版第1刷発行

著者　　　古川　興道

発行・発売　創英社／三省堂書店
〒101-0051　東京都千代田区神田神保町1-1
Tel：03-3291-2295　Fax：03-3292-7687
印刷・製本　中央精版印刷株式会社

ISBN　978-4-88142-962-4　C0015